子對曰：「王何必曰利？亦有仁義而已矣。
「王曰：『何以利吾國？』大夫曰：『何以利吾家？』士庶人曰：『何以利吾身？』上下交征利而國危矣！萬乘之國，弒其君者，必千乘之家；千乘之國，弒其君者，必百乘之家。萬取千焉，千取百焉，不爲不多矣；苟爲後義而先利，不奪不饜。」
未有仁其親者也，未有義而後其君者也。」
王亦曰義而已矣，何必曰利？」
孟子見梁。王立於沼上，顧鴻鴈麋鹿，曰：「賢者此乎？」
孟子對曰：「賢者而後樂此，不賢者雖有此，不樂也。」

日成之；經始勿亟，庶民子來。王在靈囿
鹿攸伏；麀鹿濯濯，白鳥鶴鶴。王在靈沼
牣魚躍。』文王以民力為臺為沼，而民歡
，謂其臺曰靈臺，謂其沼曰靈沼，樂其有
魚。古之人與民偕樂、故能樂也。」「湯
：『時日害喪，予及女偕亡！』民欲與之
，雖有台池鳥獸，豈能獨樂哉！」
惠王曰：「寡人之於國也，盡心焉耳矣！
凶，則移其民於河東，移其粟於河內；河
亦然。察鄰國之政，無如寡人之用心者；
之民不加少，寡人之民不加多，何也？」
子對曰：「王好戰，請以戰喻。填然鼓之
刃既接，棄甲曳兵而走，或百步而後止，

穀不可勝食也數罟不入洿池，魚不可也；斧斤以時入山林，材木不可勝用也；魚不可勝食，材木不可勝用，是使民養生喪死無憾也；養生喪死無憾，王道之始也。」

五畝之宅，樹之以桑，五十者可以衣帛矣；豚狗彘之畜，無失其時，七十者可以食肉；百畝之田，勿奪其時，數口之家可以無飢；謹庠序之教，申之以孝悌之義，頒白者不於道路矣。七十者衣帛食肉，黎民不飢不然而不王者，未之有也！」

狗彘食人食而不知檢，塗有餓莩而不知發；人死，則曰：『非我也，歲也。』是何異於刺殺之，曰：『非我也，兵也！』王無罪歲，天下之民至焉。」

惠王曰：「寡人願安承教。」

子對曰：「殺人以梃與刃，有以異乎？」

「無以異也。」

以刃與政有以異乎？」曰：「無以異也。」

：「庖有肥肉，廄有肥馬，民有飢色，野莩，此率獸而食人也。獸相食，且人惡之；民父母，行政，不免於率獸而食人，惡在其父母也！」「仲尼曰：『始作俑者，其無！』為其象人而用之也，如之何其使斯民死也。」

惠王曰：「晉國，天下莫強焉，叟之所知及寡人之身，東敗於齊，長子死焉；西喪秦七百里：南辱於楚：寡人恥之，願比死洒之，如之何則可？」

子對曰：「地方百里而可以王。王如施仁

原來孟子這樣說

傅佩榮——著

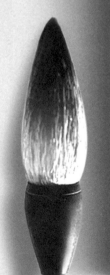

目錄 CONTENTS

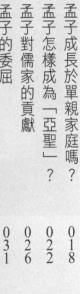

第二講

教育這件事

第五講　仁政有方法

第六講　異端要批判

前言：自信的快樂

孟子的自信不是建立在他個人的能力與成就上，而是奠基於他的儒家學說，亦即他從孔子那裡所得到的思想啟發。

儒家的觀點是什麼？孟子認為，一個人只要真誠，就會發現內心有一種自我要求的力量，提醒和督促自己去做該做的事。該做的事可以總稱為「善」，其內容是需要教育來界定的。於是，人在接受教育之後，始終以真誠態度面對自己的責任，並且勇於實踐，擇善固執，最後可以止於至善。

這樣的人是坦蕩蕩的，是俯仰無愧的，是「富貴不能淫，貧賤不能移，威武不能屈」的，同時也是快樂無比的。

孟子晚於孔子一百多年，他所處的戰國時代中期比孔子的時代更為混亂險惡，但是他了解孔子的思想，進而深刻闡述，廣為傳揚，使儒家學說形成完整的系統，可以應用在人生的每一方面。《孟子》一書就是最佳的例證。

孟子是「溫故而知新」的典範。他熟讀《詩經》、《書經》，信手拈來，如數家珍；他善於使用語言，留給後代的格言與成語又多又美；他精於現場辯論，在一問一答之間，使人茅塞頓開，連萬乘之君也對他心存敬畏。但最重要的是，他所宣揚的一切都能結合自己的實踐心得，從而產生充滿自信的快樂。

現代人最需要的不是快樂嗎？現代人最缺乏的不是自信嗎？那麼何不向孟子請教呢？真正的快樂不是源自外在成就，因為外來的東西可得可失，可多可少，並且始終在緊張的競爭狀態中。真正的快樂來自真誠，遵從內心的要求去做人處事，就是對人生的肯定與感激，人性的尊嚴與價值亦在於此。

當中央電視臺「百家講壇」欄目邀請我主講孟子時，我心中想的就是如何清楚地介紹這位古代哲人的偉大貢獻。他能被後世尊為「亞聖」，與孔子思想合稱「孔孟之道」，著作又被後代學者定為《四書》之一，這一切榮耀是否實至名歸？我的回答是肯定的。我希望本書所展現的是孟子的全方位觀點，其中又以人性論、修養論、教育觀、人生境界說最為關鍵。這些思想組合為一個結晶體，每一個側面都映現出核心理念的精采。

學習孟子，可以明白人類之所以偉大，人性之所以可貴，從而使我們加倍珍惜時光，進行成就自我的修練之旅。在這一過程中，自信的快樂將泉湧而出。孟子親身作了示範，我們不妨亦步亦趨。另外，有關《孟子》一書的詳細解說，請參考作者的《解讀孟子》（立緒版）與《人性向善》（天下文化）二者。

傅佩榮

於台大哲學系
二〇一〇年元月

第一講

孟子這個人

孟子這個人到底有怎樣的思想特質和特殊的見解，他的成才之路對於今人又有怎樣的啟示呢？

我們談儒家，都要提到孔孟之道。大家知道，孔子有三千弟子，精通六藝者七十二人，但為什麼要等到一百多年以後孟子出現，才跟他前後搭配，形成代表儒家的正統思想？孟子這個人到底有怎樣的思想特質和特殊的見解，他的成才之路對於今人又有怎樣的啟示呢？

我們先從他的家庭談起。

【孟母的身教】

孟母是一位了不起的女性，在當時各種條件都缺乏的情況之下，卻給了孟子最好的教育，孟子日後的成功與她有著十分密切的關係。可以說，她是孟子的第一位啟蒙老師。這一點，從下面的幾個小故事不難看出來。

今天談孟子，很多人都會想到「孟母三遷」的故事。這個「三」字，在古代是「多次」的意思。也就是說，孟母為了給孩子良好的教育環境，曾經多次搬家。

孟子小時候，家住在墓地附近，看到喪葬的情形，孟子就模仿大人的樣子，扮演喪葬的過程。孟母不願意讓孩子學這些，就搬了家。這次搬到了市集旁邊，孟子就以叫賣為遊戲，學著秤斤論兩、討價還價。孟母一看，這種環境對小孩子也不合適，於是再度搬家。最後搬到學堂旁邊，孟子就跟著那裡的學生學習讀書和禮儀。孟母認為這才是孩子應該學習的，就住了下來。

從這個故事可以看出，孟母很注意周圍環境對孩子的影響，有意選擇有利於孩子健康成長的外在環境，來薰陶感化孟子。這對孟子的成才起了非常關鍵的啟蒙作用。

孟母還注意身教和言教相結合，以身作則，經由自己的行為來影響孟子。據《韓詩外傳》記載：當孟家還在市集旁居住時，東邊的鄰居殺豬，大概是豬叫的聲音很淒厲，小孟子就問：「他們為什麼要殺豬呢？」媽媽隨口就應了一句：「要讓你吃豬肉啊。」孟子十分高興，就等著吃肉。媽媽其實是開玩笑啊，說完之後，她很後悔，想到自己一直教育兒子要誠實守信，怎麼可以帶頭不守信用呢？為了不失信於自己的孩子，儘管家裡經濟十分困難，她還是買了一塊豬肉給孟子吃。身教重於言教，母親以自己的行動示範什麼是「言而有信」，確實比許多言語上的教誨更為有效。

關於孟子，還有一個家喻戶曉的故事，這個故事見於《三字經》，叫作「子不學，斷機杼」。講的是孟子小時候逃學回家，孟母正在織布，看見兒子逃學，非常生氣，就拿起一把剪刀，把織布機上正在織的布匹剪斷了。孟子很惶恐，跪在地上請問原因。母親責備他說：「你讀書就像我織布一樣。這布是一絲一線織起來的，現在割斷了線，布就無法織成了。學問也必須靠日積月累、不分晝夜勤學得來。你今天不刻苦讀書，半途而廢，就像這被割斷的布匹一樣，不能成才。」孟子非常慚愧，從此開始專心讀書，旦夕勤學。

後來，孟子成年了，在學問上有所成就，也結了婚。有一天回家，他看到妻子獨自一人在屋裡伸開腿坐著，就很不高興，甚至產生了休妻的念頭。因為這樣是不合乎禮儀要求的，守禮的表現，應該是坐在腳後跟上面，有人來了就要上身直立跪坐。孟母問明情況後，責備他說：「這是你不講禮儀，不是婦人不講禮儀。根據禮的要求，『將上堂，聲必揚』，一個人將要進門的時候，必須先問屋裡誰在；將要進入廳堂的時候，必須先高聲傳揚，讓裡面的人知道；將要進屋的時候，必須眼往下看，不能直接去觀察別人。你自己先沒有守禮，怎麼可以怪妻子呢？」孟子發現錯在自己，就打消了休妻的念頭。我們現代人看這個故事，難免會覺得古代的婦女真可憐，在家裡一個坐姿或者站姿不對就有被休棄的危險。假如我們換一個角度，卻能看出孟子的母親非常明理，也善於培養孟子嚴以律己、知錯必改的品格。

再後來，孟子已經在社會上很有成就了，他到了齊國，做到三卿之一，就是很大的官了。有一天，他心情不太好。母親一眼就看出來了，問道：「你心情為什麼不好啊？」孟子說：「現在齊宣王雖然給了我很高的待遇，卻一直不肯實施我的政治主張。我很想離開去宋國行道，但母親年紀大了，搬遷不便，所以遲遲沒有走。」孟母說：「你千萬不要因為我而忍耐。我是婦道人家，我守我的禮，相夫教子；你是一個讀書人，要以行義為上。我來守禮，你來行義，該離開就離開，千萬不要顧念我。」事實上，孟子後來的確離開了齊國。不過孟子在齊國期間，孟母就已經過世了，後來孟子還特地將母親遷回魯國安葬。孟子是鄒國人，鄒國是魯國的附庸國，他還是把魯國當作自己的祖國。

【孟子成長於單親家庭嗎？】

上面這些小故事，雖然不一定真實可靠，但我們可以想見，在孟子人生的很多關鍵階段，他的母親確實具有非常重要的影響。那麼有人要問了，他父親呢？孟子是不是跟孔子一樣，父親過世很早，是一個單親家庭的孩子呢？在這裡我們有必要順帶回答這個問題。

孟子的家不是單親家庭。我們怎麼知道呢？因為在《孟子》書中提供了特別有力的證據。

《孟子‧梁惠王下》記載了這樣一件事：

魯平公準備去拜訪孟子，一個叫臧倉的寵臣阻攔說：「您不要去，因為賢者應該表現出禮和義，而孟子沒有做到，他是後喪逾前喪，後來為母親辦的喪事，排場超過了以前為父親辦的喪事。」

原 魯平公將出，嬖（ㄅㄧˋ）人臧倉者請曰：「他日君出，則必命有司所之。今乘輿已駕矣，有司未知所之，敢請！」公曰：

於是，魯平公沒有去見孟子。樂正子問他原因，魯平公就把臧倉告訴他的事說了。

樂正子說：「他沒有不合禮義啊，父親過世的時候，他比較年輕，身分是士；後來母親過世時他做了大官，身分是大夫，父母的喪禮要按照兒子的身分來確定規格，這是古時候規定的，沒有什麼不合禮義的啊！」

魯平公沒話說，於是推託說：「我說的不是這個，我要講的是他給母親辦喪事時，棺木和衣物太華美了。」

孟子為母親所辦的喪禮，的確是非常隆重。孟子有個學生叫充虞，負責為孟子的母親籌辦喪禮。辦完喪事之後，他也覺得非常奇怪，就找機會請教老師說：「您為您母親置辦的棺木似乎太好了。」孟子怎麼回答呢？他說：「我們一向只是規定棺木的厚度，而沒有其他限制。從天子直

「將見孟子。」曰：「何哉！君所為輕身以先於匹夫者，以為賢乎？禮義由賢者出，而孟子之後喪逾前喪，君無見焉！」公曰：「諾。」

樂正子入見，曰：「君奚為不見孟軻也？」曰：「或告寡人曰：『孟子之後喪逾前喪。』是以不往見也。」曰：「何哉？君所謂逾者，前以士，後以大夫；前以三鼎，而後以五鼎與？」曰：「否。謂棺槨（ㄍㄨㄛˇ）衣衾之美也。」曰：「非所謂逾也，貧富不同也。」

到百姓，講究棺槨不只是為了美觀，而是要這樣才算盡了孝心。如果受法令限制不能這麼做，就不會稱心；如果沒有錢財可以這麼做，也不會稱心。既合法令又有錢財，古人都這麼做了，為什麼只有我不可以呢？」我們由此知道孟子的原則，只要做子女的有能力，可以給父母做到最好。而且在儒家看來，奉養父母親，每天都要做，不能當作最大的事；真正重大的事是父母過世的時候，好好辦喪事，讓他們死後哀榮。

魯平公最終沒有去拜訪孟子，孟子也不怪他。孟子認為任何事情都要看時勢所趨，條件成熟了自然就成了，今天沒有來，代表條件還不成熟，不需要勉強。這是儒家處事的態度。

從這個故事也可以知道，父親過世時孟子已經是士的身分，也就是受過教育的文化人，肯定已經成年了。

樂正子見孟子，曰：「克告於君，君為來見也。嬖人有臧倉者沮君，君是以不果來也。」曰：「行，或使之；止，或尼之。行止，非人所能也。吾之不遇魯侯，天也。臧氏之子焉能使予不遇哉？」

——《孟子．梁惠王下》

原 充虞請曰：「前日不知虞之不肖，使虞敦匠。事嚴，虞不敢請。今願竊有請也：木若以美然。」

曰：「古者棺槨無度，中古，棺七寸，槨稱之。自我們之所以用這麼多篇幅介紹孟子的家庭，不僅因為這對他以後的人生道路具有根本的影響，而且可以給當代人一些有益的啟示。接下來，我們要介紹孟子在家庭之外的社會大舞臺上，到底有什麼樣的遭遇，有什麼樣的發展。關於這些，我們要借助一部赫赫有名的史書——司馬遷的《史記》。

天子達於庶人，非直為觀美也，然後盡於人心。不得，不可以為悅；無財，不可以為悅。得之為有財，古之人皆用之，吾何為獨不然？且比化者，無使土親膚，於人心獨無恔（ㄒㄧㄠˋ）乎？吾聞之也，君子不以天下儉其親。」

——《孟子．公孫丑下》

【孟子怎樣成為「亞聖」？】

在司馬遷的《史記》裡面，談到孟子的時候只用了兩百多個字，但是他寫得非常精采。

司馬遷說，「孟軻，騶人也。受業子思之門人」。騶（ㄗㄡ），通常寫作鄒，在今山東鄒城一帶。孟子是子思的學生的學生，而子思是孔子的孫子，所以要講輩分的話，從孔子作為儒家第一代，到孟子已是第五代了。

輩分上是比較晚了，但重要的是什麼呢？司馬遷用三個字描寫孟子，叫作「道既通」，意思是他把孔子的道完全學通了，這才站出來說要宣揚儒家的思想。

孟子的生活年代，一般認為是在西元前三七二至前二八九年之間，亦即戰國時代（前四七五——前二二一）的中期。這個時候，在西方，柏拉圖（約前四二七——前三四七）已經建立了學院，就是西方的第一所大學，他的學生亞里斯多德（前三八四——前三二二），已經建構宇宙觀、人生觀各種宏闊的思想體系，亞里斯多德的學生亞歷山大大帝（前三五六——前三二三），馬其頓的國王，已經建立了橫跨歐亞非三洲的帝國。在中國，諸侯爭雄，都希望富國強兵、統一天下，急相延請有學問、有見解的人士，為自己提供治國方略。孟子從四十歲開始周遊列國，帶著學生，到任國、齊國、滕國、薛國、宋國這些國家去遊說。幾年跑下來，並沒有什麼特別的成就。因為這些諸侯國除齊國外都是小國，起不了太大作用。而那些大國呢？像秦國，任用商鞅進行變法，富國強兵；楚國與魏國任用吳起，戰勝了很多國家；齊國任用孫臏、田忌這些將軍，「諸侯東面朝齊」。這些大國都盡力擴張土地，成為霸主。這個時候孟子帶著學生去找這些國君，說的是「堯舜禹湯、文武周公」，希望他們能施行仁政，可以想見，效果不會太理想。

孟子五十二歲時，去梁國謁見梁惠王。梁惠王第一句話就問：「老先生，你不遠千里而來，將為我的國家帶來什麼利益呢？」他一講利益，孟子就皺眉頭，說：「大王何必談利益呢？你只要談仁義就夠了。」

一般人都追求利益，儒家講的卻是仁義，孟

原 孟子見梁惠王。王曰：「叟！不遠千里而來，亦將有以利吾國乎？」

孟子對曰：「王何必曰利？亦有仁義而已矣。」

——《孟子・梁惠王上》

子跟國君所談的，是孔子的思想、以及堯舜與夏商周三代的開明帝王是怎樣去照顧百姓的。孟子整個的思想就是設法讓你明白，講仁義就可以取得最大的利益，因為這符合人性的要求，天下百姓都會支援你。仁者無敵，你將來可以稱王。

孟子周遊列國時，場面非常盛大，後面跟的車子幾十輛，學生和朋友幾百位。當時孟子已經是赫赫有名的學者，到各國都會受到禮遇，因為國君總希望借重孟子抬高自己的名聲，讓別人認為自己尊重讀書人。但是，在一個弱肉強食、天下逐利的時代，孟子的主張注定只有理論上的證明，而沒有實踐的機會。

他五十四歲時到了齊國，見到齊宣王。那時齊宣王剛剛上臺，很想做一點事，所以孟子跟他談得比較多。而齊宣王也特別請孟子擔任客卿，類似於國家顧問，地位很高，但卻沒有實權。孟子很多建議都不能夠落實。從五十四歲到將近六十歲，孟子都待在齊國，不是因為喜歡齊國，而是因為戰爭頻仍，要走也走不了。

孟子從來沒有得到真正執政的機會，他的生命就在周遊列國中慢慢消耗。

政治理想既然沒有實現，孟子便回到魯國專心著書，最終完成了《孟子》一書。《孟子》一書共有七篇，每篇再分上下，所以在編排上，就有十四個部分了。篇名分別是：〈梁惠王〉、〈公孫丑〉、〈滕文公〉、〈離婁〉、〈萬章〉、〈告子〉、〈盡心〉。前六篇皆以人名為篇名，取自各篇開頭的人物，只有〈盡心〉篇例外。有一個疑問，這本書是如何寫成的呢？如果是孟子親自執筆，那麼他的學生，如公都子、屋廬子、樂正子、徐子，為什麼會稱「子」呢？「子」是對男子的尊稱，用於前輩、老師身上，或客套之時，孟子沒有理由對這些學生一再稱「子」。

其次，古代諸侯的諡號是死後才定的，孟子著書時，所見諸侯還有健在的，甚至還有晚逝於孟子的，孟子怎麼可能知道他們的諡號呢？這幾個問題不難回答，就是：孟子完成了《孟子》一書的主要內容，學生萬章、公孫丑等再加以修訂，所以會有上述兩點情況出現。

司馬遷說孟子把孔子思想發揮到了「道既通」的程度，並在晚年時建構成為體系。應該說，孟子的思想得以與孔子並稱，首先應歸功於司馬遷以歷史學家的身分對他所作的歷史定位。

到了東漢，當時的學者趙岐在注解《孟子》時，說《孟子》一書無所不包，天地萬物，仁義道德，性命禍福，全部都在裡面，所以他就直接用「亞聖」這個詞來稱呼孟子。這是孟子「亞聖」頭銜的由來。

那麼，孟子對儒家思想究竟有哪些貢獻呢？或者換句話說，孟子的思想對於儒家為什麼如此重要呢？

【孟子對儒家的貢獻】

孟子對於儒家的重要性，可以從兩個方面來看：

一方面，是因為孔子本身有他的遺憾，這個遺憾，不是由他的弟子，而是在一百多年後由孟子消除的。在《論語・憲問》中，孔子公開說：「沒有人了解我啊。」子貢問原因，孔子說：「我不怨天，不尤人，下學而上達，了解我的只有天吧？」

孔子說這話並不是一時感嘆，事實上從《論語》可以發現，孔子沒有多少機會可以公開完整地介紹自己的思想。因為他首先希望讓老百姓受教育，然後出仕來服務社會，而那時的人主要是學習《詩》、《書》這些傳統經典，而不是孔子的思想。如果孔子當時不講《詩》、《書》，只

原 子曰：「莫我知也夫！」子貢曰：「何為其莫知子也？」子曰：「不怨天，不尤人，下學而上達。知我者其天乎！」

——《論語・憲問》

談自己的心得，學生會覺得沒有用，因為跟自己做官沒有關係。因此孔子才遺憾地感嘆說：「沒有人了解我啊。」

據《韓非子．顯學》記載，孔子死後，儒家弟子相繼分為八派，各用自己的一套言論去教學生。除了孟子和荀子等少數幾家之外，他們並沒有在中國歷史上產生什麼影響。韓非子曾用一個很難聽的詞——賤儒，來批評孔子的弟子子張。墨家也曾經批評孔子的弟子，說他們很不像話，聽到有錢人死了就很高興，說吃飯的機會來了。因為孔子是禮樂方面的專家，他的工作之一就是替別人辦喪事，孔子過世以後，也有些學生以此為職業。這說明孔子的弟子太過於務實，因而無法在理論上把老師的思想發揚光大，只能等到一百多年之後孟子出現，才消除了孔子這個遺憾。

另一方面，孟子建構的思想系統確實完整。

孟子六十歲以後離開齊國，回到魯國，專心著書，到八十三歲才過世，比孔子多活了十年。《孟子》這本書寫得很有系統，讀起來跟《論語》的感受完全不同。讀《論語》時我們會覺得怎麼這些話都那麼短呢？有一句沒一句的。例如：「子曰：『君子不器。』」（《論語．為政》）並不是孔子只講了四個字就不講了，而是其他話語都沒有留下來。而且《論語》也不是孔子寫的，是孔子的再傳弟子，一般認為是有子與曾子的學生編成的，所以他們兩人在《論語》中也稱「子」。而孟子的著作，就完全不同了，可以說是非常完整地表達了自己的思想。後來宋朝的學者特別把《孟子》挑選出來，配合《論語》，加上從《禮記》裡面抽出來的《大學》、《中庸》，構成了後世讀書人必須閱讀了解的《四書》，也是儒家思想的重要經典。

孟子在自己的著作中，除設法把孔子的人性論、修養方法、教育主張、仁政理想等全部闡釋清楚外，還建立了儒家的聖人觀、天命觀和歷史觀，例如：到底什麼是聖人？為什麼堯舜禹湯可以當天子？整個歷史的發展是怎麼一回事？對這些問題，他都一一加以說明。

孟子把孔子的思想發揮到什麼程度呢？

講到政治方面，孟子說：「讓孔子來執政的話，要他做一件不該做的事，殺一個無辜的人，因而得到天下，他都不會去做。」為什麼？因為每個人的生命是平等的，應當把別人當目的來尊重，而不是當手段來利用。

儒家這種思想非常可貴。要知道，在古代封建社會是有階級的，統治者視老百姓的生命如草芥。就拿春秋末期魯國執政的季康子來說，他曾經問孔子：「我把無道者殺掉，去接近有道者，先生覺得如何？」他把人分為兩種，一種是壞人，一種是好人，要把壞人殺光，只接近好人。他不知道壞人是好人慢慢墮落變成的，也不知道壞人如果反省悔改也可以變成好人，只是簡單地一刀切。這樣即便真能把國家治理好，人民不是先少了一大半嗎？這種觀點，在中國歷史上一直沒有完全清除。

而那個時候孔子已經認識到人的生命具有同等價值。例如《論語・鄉黨》中有一個故事：孔子在魯國做官，有一次下朝回來，家人報告說馬廄失火燒掉了，孔子聽了只問了一句話：「有人受傷嗎？」他完全沒有問馬有什麼損失。在古代社會，馬是很貴重的，但是孔子沒有放在心上，他只關心有沒有人受傷。想想看，馬廄失火誰可能受傷？當然是馬車夫或傭人，屬於比較低的階層，但是在孔子眼中，每一個人都是一樣的。

孟子則把孔子這種仁愛思想發揮出來，概括為「行一不義，殺一不辜，而得天下，皆不為也」，這十六個字，可以說是古今中外對從事政

原 季康子問政於孔子，曰：「如殺無道，以就有道，何如？」

——《論語・顏淵》

原 廄焚。子退朝，曰：「傷人乎？」不問馬。

——《論語・鄉黨》

治的人的最高要求。

提到聖人，孔子很謹慎，認為只有堯舜禹湯到文王、武王這些人算聖人；到孟子這裡，就把聖人的概念放大、標準放寬了，他說聖人有四種，有的很清高，有的很隨和，有的敢於負責任，而孔子是最後一種，即「聖之時者也」。一般講聖人就是修德，德行超絕就成為聖人了，但是孟子認為這樣還不夠，聖人一定還要有智慧，因為人是有理性的。我們會在第十講具體討論這一問題。

孟子把儒家的思想從《論語》那樣零星的材料發展成一個完整的系統，這是他對儒家最大的貢獻，也是司馬遷，趙岐等人推崇他的原因所在。但是，兩千多年來，孟子卻飽受委屈，不僅被當時的人，而且被後世的人一再誤解、誤讀。

【孟子的委屈】

在中國古代的讀書人裡面，孟子是飽受委屈的一位。我們不會說顏淵受委屈，因為顏淵活了四十歲，還來不及服務社會就過世了；也不會說莊子受委屈，莊子有能力，但他自己不願意服務社會，他學了道家之後就逍遙去了。但是孟子呢？既有能力，也願意服務社會，卻沒有機會，甚至還一再被誤解。

孟子的委屈，首先在於被人說成好辯。

對於《詩》、《書》這些古代經典，孟子可以說是熟讀成誦，所以國君跟他談論任何問題，他能立刻回答，而且很喜歡引用《詩》、《書》。根據粗略的統計，《詩》、《書》的材料在《孟子》裡面出現了至少六十次。

孟子後來發展出他的思想系統，既完整又完美，跟《詩》、《書》的薰陶很有關係。他跟別人談任何問題，都講得頭頭是道，別人講不過他，就說他好辯，口才勝過實質。學生把話傳回來，孟子覺得很委屈，說：「我怎麼是好辯呢？我是不得已啊！」孟子的學識和見解，在當時都是第一流的，他還具有出色的表達能力，並不是徒逞口舌之利。

孟子的第二個委屈，在於仁政的理想被看作空談和迂腐。

在戰國中期，群雄並起，以武力爭勝，提倡仁政當然是吃力不討好的事。孟子難道不知道這些國君心裡想什麼嗎？他甚至很多次已經直接說出來，例如對梁惠王、齊宣王，他說你們無非就是想要稱霸天下，統一各國。

但是孟子認為，只有行仁政才能夠統一天下，才能夠長期太平，他的這個政治信念並沒有因為缺乏推銷的市場而有過絲毫的動搖。

而且孟子所講的仁政，並不只是空想，他設計了具體的經濟政策與之配合，還提出有恆產才有恆心的觀點。這些會在第五講詳細講到。可是孟子卻被人說成空談、迂腐，這當然是孟子的委屈了。

孟子還有一個最大的委屈，那就是他提出的

原　公都子曰：「外人皆稱夫子好辯，敢問何也？」孟子曰：「予豈好辯哉？予不得已也。」

——《孟子．滕文公下》

人性論被誤讀。

孟子提倡「性善」，後來大家就把他的人性論總結為《三字經》的第一句話，「人之初，性本善」。其實孟子所說的「性善」絕對不是「性本善」，因為他一再強調，並用各種比喻來說明他的人性論觀點。這個問題我們也會在第八講專門涉及，這裡就不詳說了。

僅從這三點簡要的描述，我們就可以知道孟子是如何飽受委屈了。他的思想，的確值得我們重新認識。

【現代人為什麼要學習孟子？】

人活在世界上，第一個要靠專業，你有什麼專長，有哪些特殊的能力，被社會所用，你可以活下去。這個時候活著已經不是問題，但是要活得有意義，就需要一套價值觀。

「價值」這兩個字與選擇有關，例如如何同別人相處，就涉及如何選擇一種合適的方式，使其既符合人性的要求又符合別人的期許，從而達到人際關係的和諧與圓滿。所以即便到了今天這個時代，每個人也都需要這樣的價值觀才能活得有意義。

今天這個時代，是價值觀混淆的時代；這個社會，被稱作後現代社會。我們理想中的現代社會，是建立在理性的基礎上的。從啟蒙運動開始，人的理性一路發展，社會按道理就應該慢慢合理化，走向繁榮、進步。但是二十世紀爆發兩次世界大戰，使這種理想幻滅了。我們不免追問：有理性的人為什麼做出非理性的事情呢？當理性不再成為可靠的基礎，就是後現代社會的開始。「所有被接受的都要重新質疑」，這是後現代社會的口號。所有原來的價值觀都放在一邊了。

此時我們需要什麼？需要建立一套新的價值觀。但這談何容易！再好的父母，憑個人的生活經驗和觀念去教育孩子，總是有限的；學校教的與社會上的實際情形，也總難免會有一些矛盾衝突。因此需要哲學來解決問題。哲學必須建構一個系統，必須把人的生命與自然界的關係，甚至生前與死後的關係都聯繫起來。除了怎樣對待活著的人，還要考慮該怎樣對待逝去的祖先，還有該怎樣對待將來的子孫。

儒家，就是非常好的哲學。

《孟子》裡提出的就是一套完整的價值觀，其中說明了什麼叫善，什麼叫惡，人為什麼要行善避惡，而且行善避惡會帶來快樂，孟子把這些道理闡述得很清楚。

舉例來說，《孟子》裡面當然很強調孝順，但孟子也說，如果祖先不好好做人的話，子孫想要孝順也不容易。他特別舉出周朝的幽王和厲王，「幽」、「厲」是二人死後的諡號（就是依

原 名之曰「幽」、「厲」，雖孝子慈孫，百世不能改也。

——《孟子．離婁上》

照生平的表現所給予的稱號，可以作為一生的定論），「幽」代表幽暗、昏暗，「厲」代表殘暴。孟子說：「被人家稱為幽王與厲王，即使他有孝子賢孫，一百代也無法更改。」

楊振寧先生是一位有名的物理學家，他在自傳裡特別提到自己從三十歲以後做人處事全靠《孟子》。我們都知道，他的物理學是第一流的，但做人處事能靠物理學嗎？能靠化學嗎？能靠天文學嗎？

顯然不行。因為做人處事需要一套價值觀。

孔子說，一個人可以「殺身以成仁」（《論語‧衛靈公》）。孟子說，一個人可以「舍生而取義」（〈告子上〉）。乍一想，為什麼儒家一定要講得這麼悲壯呢？但是再想想，人生自古誰無死呢？如果了解生命是怎麼一回事，知道死有重於泰山，有輕於鴻毛，這樣一來選擇就很簡單了。有些人是雖死猶生，有些人是雖生猶死，這不只是說說而已。價值觀在人的生命裡面從內在產生變化，具有改造生命的力量，把人的潛能整個發揮出來。

孟子的思想是一個完整的系統，越深入學習就越能夠發現生命成長的快樂，覺得人生充滿了希望，因為每個人都可以經由學習得到正確的觀念，在生命裡面加以實踐，通過真誠的力量表現出來，快樂也會由內而發。

第二講

教育這件事

孟子為什麼把教育看成區分人跟禽獸的方法？孟子所說的教育究竟是怎麼一回事，要教什麼內容呢？

孟子說，如果人類的生活就是吃飽了、穿暖了，生活安逸而沒有得到教育，就跟禽獸差不多。聽了之後我們會嚇一跳，吃飽穿暖、生活安逸不是經濟發展之後的成果嗎？不是人類長久以來的追求嗎？為什麼孟子把教育看得如此重要，以至於說成是人與禽獸的差別所在？孟子所說的教育究竟是怎麼一回事，要教什麼內容呢？

作為萬物之靈，人類有許多特別的地方，其中最明顯的一點，就是具有非常強的學習能力。與自然萬物相比，人有自由，可以思考，可以選擇，這樣就有「應然」的問題，也就是應該怎麼做才是對的。因此，每一個社會，不論古今中外，都很重視教育，這當然包括官方、民間、家庭、社會等等各方面的教育。我們發現，孟子特別強調的是人倫教育，就是人與人之間應該如何相處，哪些是應該做的事。孟子提出「父子有親，君臣有義，夫婦有別，長幼有序，朋友有信」（〈滕文公上〉），也就是父子之間有親情，君臣之間有道義，夫婦之間有內外之別，長幼之間有尊卑次序，朋友之間有誠信。這叫作「五倫」。五倫使人際關係有適當的方式來表達，社會因此而穩定發展，這是教育的作用。

既然教育這麼重要，我們首先就要問兩個問題：第一，誰有資格當老師？第

二，怎樣才算好學生？

【誰有資格當老師？】

孟子發現我們有一些通病，例如他說：「人之患在好為人師。」（〈離婁上〉）——大家都喜歡充當別人的老師。一個人遇到了問題，旁邊的人都給他提建議，似乎每個建議都有道理，每個人說的都對，但是這個人應不應該接受呢？你們所說的道理，自己做得到嗎？不一定。這就是我們在生活中經常遇到的：我們為別人出主意、提建議，似乎很有辦法；可是自己碰到問題時卻總是一籌莫展。所以孟子提醒我們，如果自己沒有準備好，就不要隨便當別人的老師。

他還說，現在很多人的毛病就是放棄自己的田地，去替別人耕田。我們常常說，人的心就是福田，只有好好耕耘，將來才能結出豐碩的果實。自己的田不耕，替別人耕田算什麼呢？對別

原　人病舍其田而芸人之田，所求於人者重，而所以自任者輕。

——《孟子・盡心下》

人要求很嚴格，自己承擔的責任卻很輕；希望別人變成好人，卻忘記了自身修養的重要，這樣給別人提建議，別人會聽嗎？所以，不能光憑著願望和熱情說我喜歡當老師，喜歡建議別人，指導別人。

當老師是需要條件的，哪些條件呢？

第一，要自我修練。

第二，要開拓心胸。

第三，要知行配合。

第四，要有教無類。

接著我們分別說明一下。

第一，自我修練。這當然是很重要的事情，孟子也特別強調這一點。他說，真正的好老師是用自己覺悟的道理讓別人覺悟，但現在很多人是用自己沒想通的道理讓別人覺悟，這怎麼可能呢？自己一定要先把學問研究好，才能去啟發、

原 賢者以其昭昭使人昭昭，今以其昏昏使人昭昭。

——《孟子．盡心下》

指導別人，這是常識。

那麼，怎樣自我修練呢？

《孟子・離婁下》中說：「博學而詳說之，將以反說約也。」這段話很有意思，也很值得我們今天參考。孟子是說，第一，要廣博地學習，知識不夠的話，就無法觸類旁通，把學問構成完整的系統。第二，要詳細地闡述，也就是要把學得的知識、領悟的道理，完整清楚地表達出來。最後的目的是什麼呢？四個字，「扼要說明」，也就是用自己的話作扼要的概括。

有人觀察哈佛大學的教學方式，特別提到一點，他說下課以前，老師讓學生每人用一分鐘的時間把五十分鐘上課的內容概括一下。

學生說：「一分鐘怎麼夠呢？你講了五十分鐘，給我十分鐘吧。」

「不行，只給一分鐘，一分鐘到了就不讓你講了。」

老師根據學生所說去了解他課堂學習的情況。不要小看了這最後的概括，不管是一句話還是一段話，都非常有用。只有這樣才能夠將自己的心得綜合總結，這個總結的過程其實就是將學得的知識吸收和消化的過程。

做到這一步以後，還有別的方法。孟子在好多地方以不同的方式表達過，有一段話闡述得比較完整，是這麼說的：「君子依循正確方法深入研究，就是希望可以自己領悟道理。自己領悟道理，就可以安穩地守住它；安穩地守住它，所受的啟發就會深刻；所受的啟發深刻，運用在每一方面都可以回溯本源。所以君子希望可以自己領悟道理。」孟子的原文講得既優美又簡練，其中「取之左右逢其原」這句話成為今天慣用的成語「左右逢源」。孟子是語言高手，今天慣用的不少成語，就是從《孟子》裡來的，除了左右逢源，還有明察秋毫、揠（ㄧㄚˋ）苗助長、杯水車薪等等。

總結孟子這段話，該如何讀書呢？最主要的是要有自己的心得，有了心得才會執著地堅持它、實踐它。如果沒有弄懂，沒有真正覺悟、了解，為什麼要去做呢？這種自我修練，蘊涵了各種挑戰在裡面，需要我們下工夫，對學問真正有了自己的心得之後，再設法加以實踐。

學生要努力，老師也要用功。我教書三十年

原 君子深造之以道，欲其自得之也。自得之，則居之安；居之安，則資之深；資之深，則取之左右逢其原。故君子欲其自得之也。

——《孟子．離婁下》

了，剛開始教書的時候曾給自己寫過一個座右銘：「當老師要比學生更用功」，否則教幾年書就沒有什麼材料再發揮了，這也是從《孟子》中學來的。

第二，**要開拓心胸**。孟子說孔子登上東山覺得魯國變小了，為什麼？登得高望得遠，心胸、眼界都不同了；等到登上泰山呢？覺得天下都變小了。因此，看過大海的人就不會被別的水吸引了；在聖人門下學習過的人就不會被別的言論吸引了。

孟子實際上是在講他自己：我在潛心學習孔子創立的學說，但是很可惜，生得太晚了，不能做孔子的學生，只能私底下把有關孔子的材料找來好好地研究，也就是私淑孔子。事實上，孟子的確說過：「予未得為孔子徒也，予私淑諸人也。」（〈離婁下〉）孟子覺得，這也算是在聖

原　孔子登東山而小魯，登泰山而小天下。故觀於海者難為水，遊於聖人之門者難為言。

——《孟子・盡心上》

人門下學習過，所以其他各種理論、言論都不值一提，我在聖人門下學過了，我看過大海了，這些河流算什麼！孟子以此來說明，老師和學生都一樣，要開拓心胸和眼界。

第三，再進一步，要知行配合。知識跟行動配合，才有可能驗證我們所了解的是否正確。孟子說：「自己不走正道，妻子兒女也不會走正道；不依正道去使喚別人，就連妻子兒女也使喚不動。」古代家庭以男性為主，言行具有示範作用，就是所謂的「身教」，也就是我們現在常說的以身作則。可見孟子很強調知與行要配合。知行配合，是後來儒家的基本原則之一。我們都知道，儒家也受到很多批判，墨家、道家對儒家都有批判。其中最嚴重的一點是說，你們儒家講仁義講得好，但是你們自己做到了嗎？《莊子》裡面就有批評儒家的話，說你們說得很好，但是做

原 身不行道，不行於妻子；使人不以道，不能行於妻子。

——《孟子．盡心下》

不到，變成了假仁假義，不仁不義。

這其實是冤枉的，因為儒家思想最強調真誠，就是說，我做的任何事都是內心情感的流露。為什麼要受教育呢？為什麼要學習禮儀、法律等各種規範呢？這是因為我有真實的情感要表達，而這些規範為我提供表達的方式。如果只剩下表達方式而沒有真誠的情感，那就是虛偽。儒家最反對虛偽，最後卻反而被人質疑，這是很可惜的事。所以儒家提到老師，一定要講知行配合。

第四，要有教無類。有教無類，我們知道這是孔子的話，孟子並沒有說過這四個字，但他實際上在實踐這四個字。有一次孟子在滕國的上宮賓館居住，並給學生上課。看門的人把一雙沒有織好的草鞋放在窗臺上，結果不見了。有人就跑來問孟子：「是不是跟隨你來的人把草鞋藏起來

原 孟子之滕，館於上宮。有業屨（ㄐㄩˋ）於牖（ㄧㄡˇ）上，館人求之弗得。或問之曰：「若是乎從者之廋

了？」這個人講話很婉轉，草鞋不見了，有可能是被人偷了，但他說是不是有人把它藏了起來。孟子怎麼回答？孟子當然不太高興了，他說：「你以為這些人是為偷草鞋而來的嗎？」這個人就說：「大概不會這樣。先生開設課程，對學生是離開的不追問，要來的不拒絕。只要他們誠心來學，就接納，所以難免良莠不齊啊。」故事本身並不是闡述有教無類的道理，但任何人想聽課他都不會拒絕，看來孟子的確實踐了有教無類的原則。這正是作為老師所應具備的條件。

（ㄙㄡ）也？」曰：「子以是為竊屨來與？」曰：「殆非也。夫子之設科也，往者不追，來者不拒。苟以是心至，斯受之而已矣。」

——《孟子．盡心下》

【怎樣才算好學生？】

接著我們就要問了，怎樣做才是好學生呢？在孟子眼中，做一個好學生，也需要四個條件：

第一，要取法乎上，不能要求老師降低標準。

第二，要專心學習。

第三，要持之以恆。

第四，要誠心請教。

先說最重要的第一點，**取法乎上**。既然是學生，要學當然學最好的。孟子說，古代的神射手后羿教人射箭，一定要求把弓拉滿，弓沒有拉滿，蓄積的力量不夠，怎麼能射得準，射得遠呢？他還說，高明的木匠教導人，一定要用規矩，就是圓規與曲尺，該畫圓就圓，該畫方就方，要照規矩來。

原 羿之教人射，必志於彀（ㄍㄡˋ），學者亦必志於彀。大匠誨人，必以規矩，學者亦必以規矩。

——《孟子．告子上》

孟子的學生聽他談人生的道理，覺得實在是太好了，卻不容易做到。有個叫公孫丑的學生說：「先生所說的人生正道，既高尚又美好，簡直像登天一樣，似乎是不可能達到的，為什麼不讓它變得有可能達到，然後大家可以每天努力去追求呢？」公孫丑的意思是希望稍微降低標準，讓學生可以跟得上。孟子回答說：「高明的木匠不會為了笨拙的工人而改變或廢棄繩墨（木匠打直線用的工具），后羿不會為了笨拙的射手而改變拉弓的標準。君子教導別人，正如射手拉滿弓，但是不發箭，做出躍躍欲試的樣子。他站在正道的中間，有能力的人就會跟著他學。」作為老師，努力實踐自己的教育理想，在這個過程中使生命的力量充分施展開來，這樣才是人生的正路。孟子後來談浩然之氣的時候，任何人都會心生羨慕，即使不見得多麼了解其中的道理，也會

原 公孫丑曰：「道則高矣，美矣，宜若登天然，似不可及也。何不使彼為可幾及而日孳孳也？」孟子曰：「大匠不為拙工改廢繩墨，羿不為拙射變其彀率。君子引而不發，躍如也。中道而立，能者從之。」

——《孟子．盡心上》

覺得他講的真是有一種力量，活著真是痛快，做個光明磊落的正人君子，人生的願望就可以實現了，而不必執著於那些富貴名利。

孟子這樣談到老師，學生該怎麼辦呢？學生不能讓老師降低標準，學生要往上提升。這就叫取法乎上，這個「上」當然不限於身邊的老師。

孟子強調兩點：第一點，向古人學習，跟古人做朋友，也就是「尚友」古人。怎樣跟古人交朋友？吟詠他們的詩，閱讀他們的書，同時還要討論他們在當時的所作所為。例如大家喜歡讀歷史、傳記方面的書，了解古人的生活、志向與作風，就等於跟古人做朋友一樣。《孟子・滕文公上》中說「有為者亦若是」（有所作為的人也會像他那樣），他做得到我也做得到，很多人正是以這種方式得到成長。

第二點，向聖人學習。孟子特別提到他眼中

原 頌其詩，讀其書，不知其人，可乎？是以論其世也。是尚友也。

——《孟子・萬章下》

的兩位聖人。一是伯夷。伯夷和弟弟叔齊，本是孤竹國國君的兒子。父親死後，二人謙讓，都不接受國君之位，反而離開國家，逃到西邊的周國。正好碰到周武王起兵革命，討伐商紂，兩兄弟認為做臣子的不可以造反，就勸阻武王。武王自然不會理睬他們。推翻商朝之後，兩兄弟說我們不吃你周朝的糧食，就逃到首陽山上餓死了。司馬遷覺得這麼好的人有如此遭遇，實在是天道不公平，便把伯夷排在《史記》列傳的第一位。在古代，常常把這兩個人看成志節、節操的代表，他們堅持自己的原則和立場，不隨便妥協。孟子說：「聽說了伯夷作風的人，貪婪的變廉潔了，懦弱的立定志向了。」成語「廉頑立懦」即出自這裡。

二是柳下惠。柳下惠生活的年代跟孔子比較接近。他非常隨和，你好不好是你的事，我盡量

原　聖人，百世之師也，伯夷、柳下惠是也。故聞伯夷之風者，頑夫廉，懦夫有立志。聞柳下惠之風者，薄夫敦，鄙夫寬。奮乎百世之

做我該做的，我對別人都不拒絕，跟伯夷正好形成對照。孟子說：「聽說了柳下惠作風的人，刻薄的變敦厚了，狹隘的變寬和了。」

孟子認為，聽到聖人的事蹟，每一個人都會振作起來。所以做學生，首先要取法乎上，好好跟著學，要跟古人做朋友，向聖人學習。這是第一步。

其次，要專心學習。孟子曾講過一個故事：弈秋是全國的下棋高手，他教兩個人下棋，第一個人專心致志，只聽弈秋的講解。第二個人雖然也在聽講，卻一心以為有天鵝要飛過來，想拿弓箭去射牠。這樣的話，第二個人怎麼可能學得好呢？

當然，專心致志，也需要外在環境條件配合。《孟子》裡有一個故事，就說明了這個問題。有一個楚國人，想讓自己的兒子學齊國話。

上，百世之下，聞者莫不興起也。

——《孟子・盡心下》

原 弈秋，通國之善弈者也。使弈秋誨二人弈，其一人專心致志，惟弈秋之為聽；一人雖聽之，一心以為有鴻鵠將至，思援弓繳（ㄓㄨㄛˊ）而射之，雖與之俱學，弗若之矣。

——《孟子・告子上》

原 孟子謂戴不勝曰：「有

孟子問戴不勝說：「是找齊國人教他，還是找楚國人教他呢？」戴回答說：「當然找齊國人教嘛。」孟子又說：「請齊國人來教，但很多楚國人跑來干擾，這樣的話，即使用鞭子打他也學不會啊。」這裡有一個成語，叫「一齊人傅之，眾楚人咻（ㄒㄧㄡ）之」。傅，就是師傅來教他，是個動詞；咻，就是喧嚷、打擾。孟子還說，如果把這個孩子帶到齊國都城住上幾年，就是天天鞭打他逼他講楚國話，也不可能做到。

第三，要持之以恆。在這方面孟子就直接說了，聽到雞叫就起床，孜孜不倦地去做好事，是舜一類的人；聽到雞叫就起床，一直不停地求利，是盜跖（ㄓˊ）一類的人。孟子還講過一個比喻，做事情好比挖井，挖到六七丈深了，水還沒出來，仍是一口廢井。學習不是一樣嗎？已經學到這個程度，為什麼不堅持到有結果出現呢？我

楚大夫於此，欲其子之齊語也，則使齊人傅諸？使楚人傅諸？」曰：「使齊人傅之。」曰：「一齊人傅之，眾楚人咻之，雖日撻而求其齊也，不可得矣；引而置之莊嶽之間數年，雖日撻而求其楚，亦不可得矣。」

——《孟子．滕文公下》

原 雞鳴而起，孳孳為善者，舜之徒也；雞鳴而起，孳孳為利者，蹠之徒也。

——《孟子．盡心上》

原 「有為者辟若掘井，掘井九軔而不及泉，猶為棄井也。」

——《孟子．盡心上》

們說順利畢業，拿到畢業證書，好，也算是修成正果吧？如果差一個月，那還是沒畢業，還是沒有文憑。當然我講的不是文憑，而是對於學問要有真正的領會，有真正的心得。

第四，**誠心請教，這點又特別重要**。孟子有一個學生叫公都子，他說：「先生門下有一個人叫滕更」——一看名字就知道，滕更是滕國的貴族，「似乎是屬於應該以禮相待的人，可是先生為什麼不回答他的問題呢？」孟子說：「問問題有五種情況我不回答。」這可以看到孟子的堅持了。「第一，仗著地位高來發問；第二，仗著有才德來發問；第三，仗著年紀大來發問；第四，仗著有功勞來發問；最後一點，仗著老交情來發問，我也不回答。滕更占了其中的兩項。」

我們再簡單說明一下。例如我有一個年輕的學生，電腦非常好，我不懂電腦，想向他請教。

原 公都子曰：「滕更之在門也，若在所禮，而不答，何也？」孟子曰：「挾貴而問，挾賢而問，挾長而問，挾有勳勞而問，挾故而問，皆所不答也。滕更有二焉。」

——《孟子・盡心上》

我年紀大，是老師，地位比他高，我跟他說：「你過來教我電腦。」他可能不太情願。他心裡想：「老師你教我哲學我就認了，現在你叫我教你電腦，好像態度不是很謙虛啊。」唐代韓愈說過「聞道有先後，術業有專攻」，這是很有道理的話。一個人在這方面是老師，在別的方面卻可能是學生，沒有人會精通所有領域。只有這樣，每一個有一技之長的人才有可能在社會上立足。人家教你，在這一點上他就是老師。

所以我們要懂得，請教別人的時候一定要態度謙和，誠心誠意，說話客氣一點，避開孟子說的那五種情況，這樣人家教你的時候也才會心甘情願。

【教育的方法】

現在可以進一步討論，教育的方法是什麼？在儒家裡面，從孔子開始，就特別強調「因材施教」四個字。因材施教是很好的方法，但這只是個原則，怎樣因材施教呢？孟子提到教育有五種方法，我們分別介紹一下。

第一種，**像及時雨一樣潤澤點化**。針對學生某方面的問題，老師可以因時、因地、因事而隨機指點，幫助他轉化提升。在《論語》裡面，孔子提到的是啟發式教學。很多人以為啟發式教學是老師的責任，這是忘記了孔子的話。孔子說，「不憤不啟，不悱不發」（《論語・述而》）。什麼叫「不憤不啟」呢？不到你想懂而懂不了的時候，我不來開導你。什麼叫「不悱不發」呢？不到你想說而說不出來的時候，我不來啟發你。

原　君子之所以教者五：有如時雨化之者，有成德者，有達財者，有答問者，有私淑艾者。此五者，君子之所以教也。

——《孟子・盡心上》

換句話說，想要老師啟發，就要自己先下工夫。想懂而懂不了，想說而說不出，這時候啟發最有效，這就是孟子所說的及時雨。所以老師需要學生配合。西方特別強調，有三種職業要配合才能夠有效果。第一種是農夫，農夫種田，沒有老天的配合，不颳風、不下雨，再怎麼努力也不會有好的收穫。第二種是醫生，病人不遵囑服藥，就算華佗再世也沒有用。第三種就是老師，你再怎麼努力而學生不願意配合，怎麼會有教學成果呢？

第二種，成全品德的，就是說，老師教學生要修養品德。這在儒家是沒有問題的。孔子教學生分四科，第一科就是德行科。因為德行才是人的生命目標，是真正的光明大道。

第三種，培養才幹的。教育的重要目的，是要培養才幹、使其用之於社會，造福於百姓，這是歷代讀書人的共同理想。

第四種，解答疑問的。例如我們讀書，有很多疑惑，老師可以針對學生的疑惑把問題說清楚。

以上三種方法分別針對品德、才幹、見識來指導，是為了考量學生的不同需求。

第五種，「有私淑艾者」，就是靠品德和學問使別人私下學習的。孔子這個老師，對孟子來說就是留下品德、學問，讓孟子自己去學的；而孟子把書寫出來，留下他的品德、學問，後代的人也可以跟孟子學。我們不可能隨時都碰到好老師，所以有時候就只能跟古人學，跟外國人學，從書本上來學，這當然也是一種教育。

孟子甚至還說，「我不屑於教人，這，已經是教他了。」就是以不教為教，這也是跟孔子學的。

《論語》裡面有一個故事。孔子有個學生叫孺悲，他做錯了事，想去見孔子，向他說明解釋，但是孔子託病不見。傳話的人剛走出孔子的房間，孔子就把瑟拿下來，彈瑟唱歌，故意讓孺悲聽到，「我好好的，根本沒事，我就是不見你。」孟子說，為什麼這麼做呢？不教也是教啊。有些人做錯事之後往往跑來找老師，出來之

原 教亦多術矣，予不屑之教誨也者，是亦教誨之而已矣。

——《孟子・告子下》

原 孺悲欲見孔子，孔子辭以疾。將命者出戶，取瑟而歌，使之聞之。

——《論語・陽貨》

後就跟別人說：「老師已經了解了，他已經原諒了，你們就不要再責怪我了。」事實上老師只是聽他說說話，也不便建議什麼，而孔子不給這種人這樣的機會。

【孟子到底教什麼？】

孟子教什麼內容呢？孟子說過一句話：「學問之道無他，求其放心而已。」（〈告子上〉）「學」代表學習，「問」代表請教，學習與請教的原則沒有別的，就是把喪失的心找回來。這說明儒家思想對「心」特別重視。

什麼是心呢？心代表人的自覺能力，不管做任何事一定要記得是我在做，我是主體，我對於行為的結果要承擔責任。如果沒有這樣的自覺，心就很容易在外面遊蕩，這樣生命就沒有主體性，就不能逐漸成長為健全成熟的人格，是非常可惜的。

我們應該特別注意到儒家對人的主體的肯定。很多人都認為儒家強調家庭、家族這些關係，這當然不錯，但最基本的還是每個人都是價值的主體，這一生要自己負責，不能依靠別人提高自己，必須自我完善。只有這樣，平凡的人才可能成為君子，成為「大人」，最後成為聖人。宋代的學者喜歡說希賢、希聖、希天，就是要求自己成為賢者，再成為聖人，再向天學習。孟子的想法是每一個人都是可造之才，「可造」兩個字不是說只成為表面的專業人才，更重要的是把內在的人性潛能充分地發揮出來，發揮出來之後，人的生命才會慢慢往上成長，最後達到前面所說的那種境界。

談教育還不能忽略一點，就是家庭教育。這個問題很特別，因為它跟儒家的孝道密不可分。孟子說，古代的人是與別人交換兒子來教育的，即「易子而教」。為什麼？孟子接著說，父子間不要互相用善來責備對方，如果用善來互相責備，就會彼此疏遠，沒有比這更不幸的了。這裡談到家庭教育的特別之處，也是儒家思想裡面不容易說清楚的地方。一方面，要有家庭教育，像孟母三遷的故事，做父母的有責任把孩子教育好，使其走上正路；另一方面，孩子要懂得人生道理，獲取各方面的知識，還是需要老師，需要學校整體的設計。在家庭裡面，則是親情為重。比方說，爸爸教兒子做好人，教久了之後兒子難免有點意見，他會說：「父親大人，您所教的，您自己好像沒做到。」這樣一來，父子間的感情就出問題了。

原 古者易子而教之，父子之間不責善。責善則離，離則不祥莫大焉。

——《孟子．離婁上》

女兒小的時候，我常常教她不要在背後批評朋友。有一天我心情不好，在家裡面聊天，就批評一個最好的朋友。女兒聽了就說：「您不是說不要批評朋友嗎，怎麼現在也在批評呢？」我知道自己身教有問題了，立刻說我是善意的，但再怎麼善意也還是批評啊。

所以，家庭教育要拿捏分寸很不容易，一方面要給子女好的教育，另一方面要知道底線，就是不傷害親情。命中注定是一家人，只要沒有明顯的邪惡行為，大家就互相尊重，每一個人都有自己的個性、自己的作風，這也可以算作一種「和而不同」吧？

儒家談到教育的時候考慮得非常全面。

第三講

百善孝為先

中國人講孝順非常有特色。每個人都應該努力調整，找到自己可以實踐的方法。

父母讓我們可以成長，父母就是我們的天，我們的地。全世界大概沒有誰會反對孝順，但是不同文化的人，對孝順有不同的理解與不同的要求。我們中國人講孝順就非常有特色，那麼對於儒家和孟子來說，孝順是怎麼一回事呢？

【怎樣才叫孝順？】

一些介紹中國文化的書，常常會提到孝順。但是麻煩在於，在英文裡面，以及法文、德文，都沒有與孝順對應的詞。第一種翻譯，是把重點放在「順」這個字，說孝順就是子女服從父母。但是這種說法我們聽著都覺得怪怪的，服從領導、服從老師，跟服從父母一樣嗎？當然不一樣了。第二種翻譯，是把重點放在中國的傳統，把孝當成一種有宗教背景的東西，像祖先崇拜一樣，所以如果翻回中文，孝就變成了兒子的虔誠。虔誠是宗教方面的表現，這種翻譯似乎太嚴肅了，孝順怎麼變成兒子或女兒的虔誠呢？好像是祭拜神明一樣的。

儒家思想中有不少關於孝順的說法，但有很多誤解。例如說儒家講孝順，從三綱五常以後變成一種嚴格的規範，好像父母都是對的，子女必須好好聽父母的話，這才是孝順。

其實不然。因為儒家也知道，在現實生活裡面，很多父母不見得有正確的觀念或者正確的行為，如果父母做錯了，做子女的應該怎麼辦？沒考慮到這類問題的話，光講孝順沒用，到最後就會變成禮教吃人。

中國人有句老話，叫「百善孝為先」，孟子怎樣說明這一點呢？他舉了幾個例子，第一位是有名的孝子曾參。曾參的父親曾皙是孔子的學生，曾參十六歲的時候父親對他說：「你也跟我的老師學習吧！」所以父子兩代都跟孔子學習。曾參非常敦厚，他學習的時候，聽到孔子強調孝順，就努力實踐。他跟同學說：「我可孝順了，父親打我我從來不跑，讓父親打到滿意為止。」這話傳到孔子耳中，孔子就有點擔心。他對曾參說：「父親打你，你讓他打到滿意為止，這樣不太好吧？」曾參說：「這是孝順啊，難道不是嗎？」孔子說：「不是，你父親是大人，你是孩子，大人出手比較重，他如果拿粗棍子一打，把你打傷了，別人就會嘲笑你父親。讓父親被人嘲笑，就是不孝順。」

那怎麼辦呢？孔子說：「父親拿粗棍子，你就跑，跑反而是孝順；父親拿細棍子，你就好好挨打吧，反正只是皮肉之苦。」

孝順要有真誠的心意，希望父母平安無事。不僅不要得罪父母，讓父母生氣，也要考慮到千萬不要讓外界對父母有所責怪。這是儒家的思想，非常有變通。

曾參後來有什麼樣的表現呢？《孟子》中記載了一個故事。曾參奉養父親曾皙的時候，每頓飯一定有酒有肉。撤除食物時，一定請示剩下的飯菜給誰。他為什麼這麼做呢？因為父親雖然年老體衰，眼睛看不清了，但是他也希望能做好事。在儒家思想裡面，一個人的心意就是能夠做好事，幫助別人，做多了，會活得很痛快。所以曾參按照父親的意思，把剩下的食物送給附近的窮人家。父親再問，還有多餘的飯菜嗎？他一定說還有，讓父親不用操心。

多少年之後，曾參自己老了，兒子曾元奉養他的時候，也是每頓飯有酒有肉，但是撤除食物時，不再請示剩下的飯菜給誰。父親問他，有多餘剩下的嗎？他說沒有了，準備留到下一頓熱了再給父親吃。

孟子以這祖孫三代的事例說明，曾參才真的

原 曾子養曾皙，必有酒肉。將徹，必請所與。問有餘，必曰：「有。」曾皙死，曾元養曾子，必有酒肉。將徹，不請所與。問有餘，曰：「亡矣。」將以復進也。此所謂養口體者也。若曾子，則可謂養志也。事親若曾子者，可也。

——《孟子・離婁上》

是孝順。曾參的兒子只是奉養父親的口體，而曾參除了奉養父親的口體之外，還能養志。養志就是讓父親的心意可以實現，每天吃完飯還可以做好事，幫助別人。孟子的分辨非常深刻。曾參的示範，讓我們重新思考孝順的真諦，相信對大家都有所啟示。

【「不孝有三」是哪些行為？】

孝順是人類的美德，但古今中外都有很多不孝順的例子。《孟子》中對不孝有兩種分類方式：

第一種分類，是當時很流行的五種不孝。前三種都是不管父母的生活，反映了養兒防老這樣的觀念。

第一種不孝，是手腳懶惰不去工作賺錢，不管父母的生活。

第二種不孝，是喜歡喝酒賭博，把錢花光了，不管父母的生活。

第三種不孝，是貪圖錢財，愛護自己的小家庭，不管父母的生活。

第四種不孝，是放縱耳目欲望，作奸犯科，到最後讓父母覺得羞辱。

原 公都子曰：「匡章，通國皆稱不孝焉。夫子與之遊，又從而禮貌之，敢問何也？」

孟子曰：「世俗所謂不孝者五：惰其四支，不顧父母之養，一不孝也；博弈好飲酒，不顧父母之養，二不孝也；好貨財，私妻子，不顧父母之養，三不孝也；從耳目之欲，以為父母戮，四最後一種不孝，是喜歡逞勇打鬥，讓父母陷入危險。

孟子為什麼提這五種不孝呢？背後有個比較特別的故事。當時孟子在齊國，有個叫匡章的人，全齊國人都說他不孝。我們可以想一下，一個人被全國說成不孝，一定有很特別的事故。學生問孟子，您為什麼跟匡章做朋友呢？照理說孟子是儒家的代表，匡章這樣的人，避之唯恐不及，為什麼還跟他做朋友呢？我們先說一下匡章的家庭背景。

匡章是齊國的大將軍，父親也是貴族，母親不知怎麼得罪了父親，被父親殺死，埋在家裡馬廄底下。匡章知道後，一再苦勸父親，不要做得太過分，結果造成父子失和，幾乎斷絕了父子關係。匡章很難過，他不能孝順父親，也不能幫助已經過世的母親，就回到自己家中，把妻子、兒

不孝也；好勇鬥很，以危父母，五不孝也。章子有一於是乎？夫章子，子父責善而不相遇也。責善，朋友之道也；父子責善，賊恩之大者。夫章子豈不欲有夫妻子母之屬哉？為得罪於父，不得近，出妻屏子，終身不養焉。其設心以為不若是，是則罪之大者，是則章子已矣。」

——《孟子・離婁下》

女趕出門，終身不要他們照顧。他在心裡想，不這樣做，罪過就更大了。匡章是這種情況，所以孟子替他辯護。他說，五種不孝，匡章犯了哪一種呢？他沒有嘛。他只犯了一點，就是忘記了儒家說的「父子不相責善」。要求行善，是朋友相處的原則；如果父子間以善來互相責備，最容易傷害親情。孟子講五種不孝，其實是為匡章辯護。儒家思想自有原則，不會因為世俗上說哪個人不孝就不理他，而是要自己判斷。

孟子說的第二種分類，是三種不孝，來源於孟子那句有名的「不孝有三，無後為大」。最近還有人跟我說，中國現在有十三億人都是孟子害的，因為「不孝有三，無後為大」，所以大家非生兒子不可。這種話其實有些誤解。下面我們詳細說一說。

孟子並沒有明說哪三種不孝，後來東漢的趙岐注解《孟子》的時候找出來了：

第一種不孝，是「阿意曲從，陷親不義」。子女用各種委屈順從的方式來討好父母，結果讓父母陷於不義。什麼意思呢？父母有可能做壞事、做錯事，子女卻想盡辦法說「您做的都對，您怎麼想都不錯」，這就容易出問題。所以真正的儒家講孝順，做子女的一定要知道什麼叫是非善惡。孔子說過，發現父母犯錯，要委婉地勸阻，如果父母不接受建議，子女不能生氣，更不能和父母吵架，還是要尊敬父母；內心憂愁，但是不要抱怨。做子女的只能逆來順受，設法多積功德，為父母補救一些過失。

第二種不孝，是「家貧親老，不為祿仕」。家裡很窮，父母老了，孩子不出去做官做事，以賺錢奉養父母。這一點比較容易接受，跟前面所說的五種不孝中的第一種意思差不多。

第三種不孝，是「不娶無子，絕先祖祀」。孩子成年了，不結婚，沒有兒子，以至於祖先的祭祀中斷了。這本來排在第三位，孟子卻說「無後為大」，為什麼？他是為舜作辯護。下面講一講舜的故事。

原 子曰：「事父母幾諫，見志不從，又敬不違，勞而不怨。」

——《論語．里仁》

原 不孝有三，無後為大。舜不告而娶，為無後也，君子以為猶告也。

——《孟子．離婁上》

【不能選擇父母與兄弟】

舜長大之後，德行非常好，到任何地方去，都有很多人喜歡他，願意跟他在一起。這時候，堯當天子，考慮讓舜來接替他，並想把兩個女兒嫁給舜。但堯知道舜有個後母，家庭情況比較複雜，如果正式提親，肯定有麻煩。舜也知道，如果向父母稟告，說天子要把兩個女兒嫁給他，也會出問題。沒有兒子，這是很大的罪過；娶妻不向父母稟告，這也是很大的罪過。兩害相權取其輕，舜還是先娶妻。孟子為舜作辯護，所以才有「不孝有三，無後為大」這句話。讀書最怕斷章取義，單單把這八個字拿出來作為最高標準，並不是儒家的觀點。

舜的故事還有不少，《孟子》裡反反覆覆討論得相當深入。我們就介紹一下這個天下最大的問題家庭。

舜很小的時候，母親就過世了。父親再婚後，又生了一個兒子，叫象。這個弟弟非常壞，壞到什麼程度？《孟子》中說「日以殺舜為事」（〈萬章上〉），象每天就想著怎麼殺死哥哥。而且，一家四口，三個人聯合起來要殺一個，太可怕了。那個時候，舜已經娶了天子的兩個女兒。這個堯真是了不起，他發現舜的德行很好，不但把兩個女兒嫁給他，還讓九個兒子都當舜的部下，文武百官全聽舜的指揮，讓舜當代理的天子。但是，舜在家裡面的情況並沒有什麼改善。

父母叫舜去修穀倉，等他上了屋頂就抽掉梯子，父親瞽瞍（ㄍㄨˇ ㄙㄡˇ）還放火燒穀倉。兩個賢慧的妻子早就預料到這種詭計，幫舜準備了像滑翔翼一樣的衣服，飄下來了。父母又叫舜去修水井，然後把井口蓋起來，沒想到舜帶著鐵器從旁邊挖洞回到房間去了。象說：「謀殺舜都是我的功勞，他死了之後財產怎麼分配呢？糧食、牛羊給父母親，干戈，還有弓、琴歸我，再讓兩個嫂嫂替我整理床鋪。」他得意得很，等到走進舜的房間，一看舜在床邊彈琴，只好說：「哥哥，我想念你啊。」表情非常尷尬。

舜當然知道弟弟的詭計和心思，也知道父母特別疼愛這個弟弟。舜就說：「有很多老百姓需要照顧，你幫我去吧。」就把弟弟封到有庳

原 萬章曰：「父母使舜完廩，捐階，瞽瞍焚廩。使浚井，出，從而揜（ㄧㄢˇ）之。象曰：『謨蓋都君咸我績，牛羊父母，倉廩父母，干戈朕，琴朕，弤（ㄉㄧˇ）朕，二嫂使治朕棲。』象往入舜宮，舜在床琴。象曰：『鬱陶思君爾。』忸怩（ㄋㄧㄡˇ ㄋㄧˊ）。舜曰：『惟茲臣庶，汝其於予治。』不識舜不知象之將殺己與？」

曰：「奚而不知也？象憂亦憂，象喜亦喜。」

——《孟子・萬章上》

（ㄅㄧˋ）國擔任國君。照當時的規矩，哥哥做天子，弟弟不能只當老百姓，這跟後來所說的「一人得道，雞犬升天」有點相似。

學生萬章問孟子說：「象最沒有仁德，卻讓他當諸侯國的國君，可以這樣做嗎？」孟子說：「舜派了幾個能幹的大臣去幫他治理國家，並收取貢稅，象不能在他的國土上任意行事。而且舜常常召見弟弟，象回來的時候，可以和父母相會，一家人就比較和樂。」到最後，舜的父親終於被感動了，也很開心，覺得舜這個兒子還不錯。

舜的故事可以告訴我們，我們不能選擇父母，也不能選擇兄弟姊妹。當自己想努力行善，父母家人不能配合怎麼辦呢？答案是：不要抱怨，非但不要抱怨，還要趁這個機會努力做自己應該做的事。儒家思想認為，如果盡好自己的責

原 萬章曰：「……象至不仁，封之有庳。有庳之人奚罪焉？仁人固如是乎？在他人則誅之，在弟則封之？」

曰：「仁人之於弟也，不藏怒焉，不宿怨焉，親愛之而已矣。親之，欲其貴也；愛之，欲其富也。封之有庳，富貴之也。身為天子，弟為匹夫，可謂親愛之乎？」

「敢問或曰放者，何謂也？」

任，相關者就會受到好的影響。這是有道理的。

曰：「象不得有為於其國，天子使吏治其國而納其貢稅焉，故謂之放。豈得暴彼民哉？雖然，欲常常而見之，故源源而來，『不及貢，以政接於有庳』。此之謂也。」

——《孟子・萬章上》

【尋找和父母相處的方法】

有時候我們會說，做了好久，怎麼這個人沒感動呢？千萬別那麼想，只要做了，一定有某種影響。對方表面上也許不說，因為說出來有點沒面子，不好意思，但心裡面確實會慢慢轉變。

所以儒家認為，倫理是一種相對關係，不能說你對我好我才對你好，我對你好不是為了你對我好，而是盡我的責任。我們掌握住這個思想，儒家思想的價值才會出現。

例如在公車上，一個老太太上車了，年輕人讓不讓座？如果發現老師、校長就在旁邊，他肯定讓座，對不對？如果旁邊沒有認識的人，為什麼要讓座呢？這一來，他的行為是受外在的壓力影響，沒有內在的價值。一個人行為的真正價值應該由內而發，由真誠引發力量，讓自己去做該做的事。我覺得該做我就做，完全不在乎別人怎麼看，這種行為才會影響內在的自己。當我把座位讓給老人家的時候，不是老人家得到一個座位，而是我得到一個機會肯定我是一個人。這就是儒家思想，掌握住這個思想，一個人才會活得自信，活得自在。

對於孝順，儒家並沒有說一定如何如何，更不會說天下無不是的父母——這是宋代學者的話，不是孔子、孟子說的。儒家思想重視的是孝順的原則，每個人應該努力調整，找到自己可以實踐的方法。

學習儒家之後，我開始懂得怎麼和父母相處。我父母是上海人，他們生了七個孩子，但是我母親身體不好，五十歲的時候脊椎骨長腫瘤，動手術失敗，半身不遂。我從美國讀完書回到臺灣的時候，母親已經躺了十二年了。做子女的看到母親受苦，當然希望她開心。怎麼做才能讓她滿意呢？我就跟母親商量、溝通，最後她說，你陪我打麻將吧。打麻將，在家裡算是娛樂，我就這樣開始學打麻將了，一到週末就陪父母打麻將。我很小離家在外讀書，中年之後跟父母的感情越來越好，知道以儒家的方式跟父母相處沒有問題。

打麻將打了半年，母親又說了：「你不是希望我快樂嗎？」我說「是啊。」「你現在不是當教授了嗎？每星期不是只有八節課嗎？那你為什麼不每天陪我打麻將呢？」母親提出她的請求了。這時候我有兩個選擇，說好或者說不行。我說好的話，以後每天打牌，昏天黑地，怎麼讀書做學問呢？我們要了解，再怎麼親密的關係都有說不的時候，因為每個人的快樂需要自己負責，別人只能從旁協助。所以我跟母親說：「我大概沒辦法做到啊。有兩個理由。第一個，做子女的陪父母一起娛樂，自己也很快樂，我有七個兄弟姊妹，這種快樂我怎麼可以一個人獨占呢？第二個，我除了是您兒子以外，還有六個角色要扮演。結了婚，是做先生；有了小孩，是做父親；在學校教書，是做老師；在社會上，是個公民；我還要結交朋友，同時也是兄弟姊妹之一，加起來正好七個角色。一個星期有七天，您有七個孩子，我有七個角色，所以我每星期陪您一天不是正好嗎？」說實在的，這個理由說出來我自己聽了都覺得無懈可擊。我母親很聰明，她說：「好，以後你每星期陪我一天我就滿意了。」

所以，人跟人相處一定要溝通，這個時候要講理，要合乎人情世故，大家就會接受。

人跟人相處需要找到穩定的模式，才能長期維持和諧的關係。我們的感情，我們的時間和力量，都是有限的，如果別人要求你怎麼做就怎麼做，怎麼可能讓每個人都滿意呢？要分本末輕重。父母親最重要，就是孝順。尤其在父母年老的時候更要用心，事實是我們做的永遠不夠。當然，每個人都有自己選擇的方式。有的父母要求孩子把書讀好，這不是為自己的面子，而是為了孩子有好的未來。還有的父母希望孩子多多賺錢，但有時候能力有限，所以要了解溝通的重要，否則為了父母的要求就一定去做，萬一違背社會規範怎麼辦呢？萬一超過自己的能力，過度勞累怎麼辦呢？儒家思想非常能夠啟發我們現代人。

【當親情與法律衝突】

《孟子》裡面有一個關於舜的著名假設。孟子有個學生叫桃應，他向老師提出了一個高難度的問題：「舜是天子，父親殺了人，應該怎麼辦？」孟子說：「逮捕他就是了。」學生就問：「舜不會阻止嗎？」孟子說：「舜怎麼會阻止呢？法官是於法有據的。舜把丟棄天下看成像丟棄破草鞋一樣，他會偷偷背著父親逃跑，沿著海邊住下來，一輩子開開心心，快樂得忘記了天下。」

好，問題來了，很多人會說，你看，儒家重視人的情感，忽略社會正義，難道被父親所殺的人活該嗎？這還得了，怎麼可以違背法律呢？等於是窩藏犯人啊！

原 桃應問曰：「舜為天子，皋陶（ㄍㄠ　ㄧㄠˊ）為士，瞽瞍殺人，則如之何？」

孟子曰：「執之而已矣。」

「然則舜不禁與？」

曰：「夫舜惡得而禁之？夫有所受之也。」

「然則舜如之何？」

曰：「舜視棄天下猶棄敝蹝（ㄒㄧˇ）也。竊負而逃，遵海濱而處，終身訢（ㄒㄧㄣ）然，樂而忘天下。」

——《孟子・盡心上》

這個問題可以說得更早一點，《論語》中有這樣一段對話：楚國有個大夫跟孔子說：「我們那裡有一個坦誠正直的人，父親偷了羊，他便去告發。」孔子說：「我們那裡坦誠正直的人跟你們的不一樣，父親為兒子隱瞞，兒子為父親隱瞞。正直就在這裡面。」要不要為了親情違反法律呢？這是儒家思想今天備受質疑的地方。我們學儒家不要怕被質疑，儒家思想禁得起思考的檢驗，才能有真正的作用。

我們要了解，如果舜想當天子，又想保護他父親，絕對不可以。當天子就要執行法律，任何人犯罪都要依照法律公平對待。但是舜辭掉天子之位後，就是一個單純的人——父親的兒子，兒子保護父親是天經地義。父親做什麼事，我們無從進一步了解，例如父親殺人說不定是人家先想殺他，他是保護自己；說不定那個人借錢不還，

原 葉公語孔子曰：「吾黨有直躬者，其父攘羊，而子證之。」孔子曰：「吾黨之直者異於是：父為子隱，子為父隱。直在其中矣。」

——《論語‧子路》

把父親逼急了，說不定是誤殺等等各種理由。不管怎麼樣，父親還是父親，做兒女的應該盡量保護父母的周全，但是法官按照法律絕對可以追捕。如果追捕到了，舜一定接受，每天負責送牢飯，這是儒家的思想。

在舜的情況下，作為儒家，當然選擇放棄外在的權力，或是名利地位來孝順父母親。不能簡單判斷親情、法律孰重，我們要了解，法律不能離開親情。如果父親有錯子女都去檢舉，這個社會能存在下去嗎？人犯錯有各種可能的情況，我們不是法官，也不可能代替法官來裁斷。如果父親犯錯，我去檢舉他，意味希望得到社會的高度評價，說這個人大義滅親。但儒家思想裡面沒有「大義滅親」這四個字，為了國家而去對付自己的父母親，這不是儒家，這是法家。我們中國兩千多年的政治，大部分都是陽儒陰法，表面打儒家的招牌，實際上是法家，並沒有真正實踐儒家的思想。我們今天談孟子，在這點意義特別重大。

我們再引申一下，前面說過「父子不相責善」，所以古人易子而教，也是為了保持親情的融洽。父母教子女教到最後，往往打也不是，罵也不是，毫無辦法。我自己教書教了幾十年了，有人跟我說：「你那麼會教書，教女兒一定很有辦法吧？」我說：「你錯了，我碰到女兒只有四個字，叫束手無策。讓別人來教，反而比我教得好。」這就是易子而教的道理。我們這樣講，不是說不要家庭教育，家庭教育當然重要，但有分寸。

儒家強調人性向善，內心真誠才有力量，這個力量由內而發，做到之後快樂也由內而發。在孝順方面，孟子有句話說得非常好：「老吾老以及人之老，幼吾幼以及人之幼。」（〈梁惠王上〉）先孝敬自己的長輩，有能力有機會的時候，再推及孝敬別人的長輩；愛護自己的子女，有能力有機會的時候，再推及愛護別人的子女。這是儒家的思想，有原則，有差等，先照顧自己的家人，但是一有辦法就推擴出去。孔子也說過，仁是什麼呢？，自己站得住，同時也使別人站得住；自己事事行得通，同時也使別人事事行得通。這就是儒家思想，能夠把每個人都當成自己的責任。儒家思想的出發點非常精準，就是落在家庭裡面。孟子說：「堯舜之道，孝弟而已矣。」（〈告子下〉）堯舜之道沒有什麼特別之

原 「己欲立而立人，己欲達而達人。」

——《論語・雍也》

處，不過是「孝」和「弟」（悌）而已。你能夠孝順，到外面自然可以有仁愛之德；你能夠「弟」，友愛兄弟，到外面去自然可以有義，做正當的事。有「孝」、「弟」，就推出仁義，有仁義天下就沒有問題了，因為每個人都從自己開始，做該做的事。

作為僅次於孔子的儒家代表人物，孟子非常強調孝順，他甚至說，不能得到父母的歡心，沒有辦法做人；不能順從父母的心意，沒有辦法做兒子。儒家認為家庭是生命的出發點，每個人都從家庭出發，上了年紀的時候也希望在家裡面養老，家庭需要我們用心經營。儒家講孝順是非常活潑的，只要有一顆真誠的心，能夠選擇適當的方法，調節彼此之間的差異，經過理性的溝通，就可以找出一條路來。

原 不得乎親，不可以為人；不順乎親，不可以為子。

——《孟子‧離婁上》

第四講

修養見心性

修養是人之成人的必經之途。孟子四十而不動心，他是怎樣做到的？修養是件辛苦的事，可能帶來快樂嗎？

聽到修養這個詞，可能很多人會有壓力，為什麼非修養不可呢？修養到什麼程度才算夠呢？修養是很辛苦的事，可能帶來快樂嗎？孟子會告訴我們這一切的答案。

【怎樣培養勇氣？】

孟子說「人之所以異於禽獸者幾希」（〈離婁下〉），人跟其他動物的差別只有一點點，我們應該設法去存養擴充，如果沒有把這一點點發展開來，實踐出來，跟動物差別就不大了，所以修養是人之成人的必經之途。修養的範圍很廣，受教育、各種自我成長的要求等等，都可以包括在內。我們不妨從孟子自己的經驗說起。

孟子剛到齊國的時候，齊宣王對他非常重視。有一個學生問孟子：「現在齊王讓先生來當卿相這樣的大官的話，您會不會動心呢？」

孟子說過「富貴不能淫，貧賤不能移，威武不能屈」（〈滕文公下〉）的話，反過來也就是說，如果富貴一來就沉溺於享受，貧賤一來就放棄志向，威武一來就屈服了，就是做不到不動心的要求。

現在孟子怎麼說呢？「不會的，我四十歲就不動心了。」這裡面就有意思了。孔子說過：「三十而立，四十而不惑」，孔子到四十歲的時候沒有任何迷惑，所有人間的問題孔子都可以講出道理。孟子四十歲不動心，也是對所有事情都了解了，所以不會心猿意馬。

學生接著問：「不動心是怎麼做到的呢？」一個人活在世界上就是不斷選擇的過程，選擇吃什麼，喝什麼，穿什麼，這個比較容易；然後選擇怎麼跟別人來往，選擇做什麼事業，以什麼方式來做，這個就比較難了，因為會和其他人構成

原 公孫丑問曰：「夫子加齊之卿相，得行道焉，雖由此霸王，不異矣。如此，則動心否乎？」

孟子曰：「否！我四十不動心。」

曰：「若是，則夫子過孟賁遠矣。」

曰：「是不難，告子先我不動心。」

曰：「不動心有道乎？」

曰：「有。北宮黝之養勇也：不膚橈（ㄋㄠˊ）、不目逃，思以一豪挫於人，若撻之於市朝；不受於褐寬

某種關係。選擇需要勇氣，勇氣培養好了，才能夠在關鍵時刻作抉擇，所以孟子就從培養勇氣開始說。他說有三種不同的方法：

第一種，以勇士北宮黝為例。北宮黝怎樣培養勇氣呢？肌膚被刺不退縮，眼睛被戳不逃避。這兩點就很可怕了，你要刺我，要戳我眼睛，我毫不在乎，一點都不逃避。不但如此，他覺得受到一點小挫折，就像在公共場所被人家鞭打一樣。這個人自尊心特別強，他既不受平凡小民的羞辱，也不受大國君主的羞辱；他把刺殺大國君主看成刺殺平凡小民一樣，對諸侯毫不畏懼，聽到斥罵一定反擊。北宮黝就像司馬遷筆下〈刺客列傳〉裡的那些遊俠，個個武功高強，一人可以敵幾十人，他才有這樣的魄力，才可以表現出這種勇氣。這種勇氣，一般人即使想做也不見得做得到。它是外發的，具有某種體格上或者武功上

博，亦不受於萬乘之君；視刺萬乘之君，若刺褐夫；無嚴諸侯，惡聲至，必反之。孟施舍之所養勇也，曰：『視不勝猶勝也；量敵而後進，慮勝而後會，是畏三軍者也。舍豈能為必勝哉？能無懼而已矣。』孟施舍似曾子，北宮黝似子夏。夫二子之勇，未知其孰賢，然而孟施舍守約也。昔者曾子謂子襄曰：『子好勇乎？吾嘗聞大勇於夫子矣。自反而不縮，雖褐寬博，吾不惴焉？自反而縮，雖千萬人，吾往矣。』孟施舍之守氣，又不

的卓越之處。

第二種，以孟施舍為例。孟施舍對待不能戰勝的，就像對待足以戰勝的一樣。就是說雖然我的兵力比你少很多，但是我的士氣很高，心態很好，很堅定，我一定可以把你打敗。孟施舍說：「如果衡量敵得過才前進，考慮可以勝才交戰，就說明我是害怕眾多軍隊的人。怎麼能做到必勝呢？不過是無所畏懼罷了。」這是第二種辦法，我們每個人都可以做得到。例如參加考試，要對自己說：「我一定行，我一定成功」；推銷員去推銷東西的時候，要相信自己一定如何如何。這種辦法，讓人產生強烈的自信，是內斂的。

第三種，孟子引述曾參的話來說明。曾參對弟子說：「你愛好勇敢嗎？我曾經聽孔子談過大勇的作風。」接下去的一段話，《論語》裡並沒有出現，我們平常都以為是孟子說的，其實是孟

如曾子之守約也。」

——《孟子・公孫丑上》

子轉述孔子的話：「自反而不縮，雖褐寬博，吾不惴焉？自反而縮，雖千萬人，吾往矣。」意思是說，反省自己覺得理屈，即使面對平凡小民，我難道不害怕嗎？不能說人家是個老百姓，沒有身分，沒有地位，我就欺負他。但是，如果反省自己覺得理直，即使面對千人萬人，我照樣向前走去。我們平常總喜歡用後面這半句，常常覺得自己都是理直的；其實前面那一半更重要，很多時候我們是理虧的，或者我們開始以為自己對，後來發現自己錯了，這個時候就要勇敢認錯。別人是小孩子也好，一個沒有什麼能力的人也好，我們都要覺得慚愧，覺得害怕。這才是真正的勇敢。

所以勇敢分三種，第一種是外發，第二種是內斂，第三種是上訴，上訴於人間的正義、人間的公理。

現在我們知道孟子的基本立場了，作為儒家，不能靠外在的武力，也不能僅靠精神上的某種想法或信念，而要看是否合理，是否正當。

【怎樣培養浩然之氣？】

學生接著問：「除了先生之外，還有別人也不動心，先生有什麼特色呢？」孟子說：「第一，我能知言；第二，我善於培養我的浩然之氣。」

什麼叫知言？大家想想，《論語》的第一句話是什麼？「子曰：『學而時習之，不亦說乎？有朋自遠方來，不亦樂乎？人不知而不慍，不亦君子乎？』」（《論語．學而》）再想想，《論語》的最後一句話是什麼？「孔子曰：『不知命，無以為君子也。不知禮，無以立也。不知言，無以知人也。』」（《論語．堯曰》）孟子所說，接的就是《論語》最後一句話。一個人說話的時候，你要聽得懂裡面有什麼問題、盲點、執著，他的困境何在，再例如他為什麼閃爍其辭

原 「敢問夫子惡乎長？」曰：「我知言，我善養吾浩然之氣。」

——《孟子．公孫丑上》

呢，都要能聽得懂，這樣才能了解這個人是什麼樣的人。這不是容易的事，孔子這樣說，到孟子的時候真的做到了，作為儒家的亞聖，孟子是有他的資格的。

更難的是第二點，浩然之氣。這個詞，以前沒有人用過。什麼叫浩然呢？浩然就是下雨很多，河水暴漲，流入下游的時候水勢很大。

那什麼叫浩然之氣呢？我們呼吸一口氣，怎麼變浩然呢？

什麼叫浩然之氣？孟子說：「難言也。」為什麼？因為它牽涉到個人的生命體驗，僅靠筆述口說，實在講不清楚。

很多人生問題，要有體驗才能好好理解。有人上臺演講，他說，今天的主題是戀愛，戀愛是怎麼一回事呢？有經驗的人不講也懂得，沒有經驗的人講了也不懂，所以謝謝各位。

原　「敢問何謂浩然之氣？」曰：「難言也。其為氣也，至大至剛，以直養而無害，則塞於天地之間。其為氣也，配義與道。無是，餒也。是集義所生者，非義襲而取之也。行有不慊

浩然之氣也是如此。「我修練了一輩子，你這麼年輕的學生問我，真是不知道該怎麼說。」但孟子還是說了：「那種氣，最盛大也最剛強，用直來培養而不加妨礙，就會充滿在天地之間。那種氣，要用義跟道來配合，沒有這些，它就會萎縮。它是不斷累積義行而產生的，不是偶然的義行就能裝扮成的。如果行為讓內心不滿意，它就萎縮了。」

義就是做事正當，道就是人生找到正確的路來配合。平常做任何事，都要想到做正當的事，慢慢培養，累積久了自然就會產生這種氣。但是不能預期，我們已經做了一百件好事了，怎麼還沒有這種氣呢？不能說非要做幾件好事它就出現。內心裡面要常常想著它，但是千萬不要主動助長。後面接著就是揠苗助長的故事。

孟子提到三個比較核心的字。第一個是直，

（ㄑㄧㄝˋ）於心，則餒矣。」

——《孟子．公孫丑上》

我們講儒家，常常要碰到這個字。直代表真誠，真誠而正直，內心無愧，不自欺，也不找藉口。

第二個是義，義者，宜也，適宜的宜。今天這麼做對，明天這麼做不一定對；張三這麼做對，李四這麼做不一定對，所以需要高度的智慧去判斷。

我們可以補充說明一點。孟子曾提到「大人」這個詞，大人有兩個意思，一是指政治領袖，二是指德行圓滿的人。孟子說：「大人者，言不必信，行不必果，惟義所在。」（〈離婁下〉）意思是說，德行圓滿的人，說話不必守信，做事不必有結果，只要看義在哪裡。儒家講信用，為什麼說言不必信呢？這樣一來，很多人會說：「你看，我現在說話不守信是受孟子的啟發。」那還得了！我們要思考一下，為什麼說話不必守信而要看該不該呢？這是因為守信到實踐之間有時間的落差。

例如說，我最近買了把獵槍，你說下個月要借去打獵，好朋友沒問題，我答應你。但是就在這一個月你患了憂鬱症，有自殺的傾向，那麼我還借槍給你嗎？或許我可以說，守信就好，你怎麼做是你的事。但如果你真的自殺了，至少我有道義責任啊。這個「惟義所在」的義，就是適當和正當。

儒家講「義」這個字，真是千言萬語不容易說清楚。所以孔子強調，仁者之外還要做智者，智者就需要像水一樣，遇到山就轉彎，遇到坑就把它填滿，要隨著各種情勢的變化作調整。仁者呢？相對還比較單純，仁者喜歡的是山嘛，有礦物、有植物、有動物，無所不包容，這是仁者。孔子強調仁、智並重，再加上勇敢可以去實踐，成為三達德，也就是「智者不惑，仁者不憂，勇者不懼」（《論語・子罕》）。《孟子》裡面提到仁，跟義並舉，仁是人心，義是根據不同情況來判斷路怎麼走。

第三個是道。義跟道怎麼分別呢？道是人類共同的正路，例如我現在是一個人，我立志走上人類的光明大道，這是道。道通常具體表現為社會的禮儀、禮節、禮貌。跟別人交往的時候，要走什麼路呢？不要想太多，照著一般社會的共識、共同的規範禮儀去走就對了。怎麼變通呢？那是義的事情，義就是適宜不適宜。

第一，我很真誠，一定要求自己做正確的事。第二，真正做事的時候判斷是否適當，是否正當。第三個，永遠要記得，走在人類的光明大道上。直、義、道就是孟子修養的祕訣。

孟子說自己這一生最大的心得，就是浩然之氣。有了浩然之氣，內心就會充實圓滿，無比快樂。

【「心」的四種特色】

我們再回到開頭，人跟其他動物的一點點差別在哪裡？孟子認為就是心。他說：「趙孟之所貴，趙孟能賤之。」」（〈告子上〉趙孟就是趙盾，是晉國三卿裡面很有權力的人，他可以讓你得到富貴，也可以讓你變成貧賤。但是孟子說，「人人有貴於己者」，每個人身上都有值得尊貴的東西，是什麼？心。這個字有時候顯得很抽象，落實來說就是一種自覺的能力。例如現在要做一件事，我要問，是別人要我做的還是我自己願意做的？如果自覺的話，就說好，我自己願意做，由內而發，這就是我的心在運作了。如果是別人叫我做才做，我不過是別人意志的工具而已，哪裡有什麼主體？哪裡有什麼內在價值呢？儒家觀念就在這裡。孟子說，心是一個人最可貴的部分。為什麼？因為心是天給我的。

學習儒家經典，千萬不要忘記「天」這個概念。孔子四十而不惑，後面是什麼？五十而知天命。孔子後來所做的事就是奉行天命，周遊列國，雖然非常艱苦，但是他從來不抱怨，並且盡力而為。兩次差點被殺，都把天擡出來，作為他訴求的對象。孟子也不例外，他講到天的時候充滿崇敬的心情。他甚至怎麼表達自己一生的抱負呢？他說：「天還不想讓天下太平吧，如果想讓天下太平，在今天這個時代，除了我還有誰呢？」

天要治好天下，我才有這樣的機會，這是儒家的基本立場。心是天給的，每一個人都有心，就看我們覺不覺。如果從來不自覺，不能覺察這個心有什麼內在的要求，恐怕一輩子都糊裡糊塗過日子了。

修養要從心開始，這個心有什麼特色？

第一，不太確定。孟子引用孔子的話說「抓住它就存在，放開它就失去；出去回來沒有一定的時間，沒有人知道它的方向。」大概說的就是心吧？我們要了解，心代表你的心思，是一種自覺的能力，有時候會跑來跑去，充滿不確定性。

第二，可能被茅草堵塞。孟子跟人辯論的時

原 「夫天未欲平治天下也，如欲平治天下，當今之世，舍我其誰也？」

——《孟子‧公孫丑下》

原 孔子曰：「操則存，舍則亡；出入無時，莫知其鄉。」惟心之謂與？

——《孟子‧告子上》

候說：「山坡上的小徑一點點寬，經常有人去走才會變成路；只要一段時間沒有人走，茅草就會堵塞它。現在茅草堵塞住你的心了。」我們的心如果不去閱讀、不去思考、不去學習，隔一段時間就又被堵塞住了，被什麼堵塞住了？名利、權位。

第三，很容易陷溺。什麼叫陷溺呢？孟子說：「豐年時，年輕人大多懶惰；荒年時，年輕人大多凶暴，這不是天生資質有什麼不同，而是後天的環境使他們的心陷溺在某種情況下造成的。」

最後一點，心會丟失不見。一個人價值觀顛倒錯亂，叫作「失其本心」（〈告子上〉），把本來的心喪失掉了。所以孟子強調，學問之道無他，求其放心而已：把失去的心找回來。現在養寵物的很多，經常看到街上有人貼尋貓、尋狗的

原 山徑之蹊間，介然用之而成路；為間不用，則茅塞之矣。今茅塞子之心矣。

——《孟子．盡心下》

原 富歲子弟多賴，凶歲子弟多暴。非天之降才爾殊也，其所以陷溺其心者然也。

——《孟子．告子上》

原 人有雞犬放，則知求之；有放心而不知求。學問之道無他，求其放心而已

啟事，說找到的話必有重謝之類。但是孟子說，雞和狗走失了，知道去尋找，心不見了，為什麼不去找呢？

矣。

——《孟子・告子上》

【怎樣找回失去的「心」】

> **原** 養心，莫善於寡欲。
>
> ——《孟子・盡心下》

怎麼修養內心呢？孟子的境界很高，他指給我們一條比較好走的路。他說：「要修養內心，沒有比減少欲望更好的方法。」我們知道，一方面人不能沒有欲望，沒有欲望的話，為什麼要繼續活著呢？沒有欲望的話，怎麼去發展各種潛能，追求各種正面的成就呢？另一方面，欲望太多的話就成了負擔，整天處心積慮，不可能快樂。所以孟子說，要修養內心，減少欲望是第一步。故宮裡有個養心殿，皇帝也要養心，可是要從寡欲開始，他怎麼能做到呢？所以只是門面而已。

接著要知恥。孟子有一句很有意思的話：「人不可以無恥，無恥之恥，無恥矣。」（〈盡心上〉）我讀書的時候，老師的翻譯都很直接：

「一個人不能無恥，無恥這種羞恥是真正無恥的。」這好像不是孟子的本意，因為完全沒有正面的啟發。孟子這句話，應該這麼理解：「人不可以沒有羞恥，把沒有羞恥當作羞恥，就不會有羞恥了，你就不會做可恥的事情了。」這就比較正面，比較積極。

孟子還舉了一個有趣的例子。有這麼一個人，無名指彎曲著伸不直，既不疼痛，也不妨礙做事，但是如果有人能使它伸直，那麼即使要他去很遠的秦國或楚國治療，他也不嫌遠。手指不如別人，知道羞恥；心不如別人，卻不覺得羞恥，這不是本末倒置嗎？我們的生活中的確有不少這樣的例子，例如很多人跑到國外整形美容，到後來父母都不認識了，何必如此呢？

再就是慎言，說話要謹慎。有關說話的問題，一向是四個字，叫「禍從口出」。可以再加

原 今有無名之指屈而不信，非疾痛害事也，如有能信之者，則不遠秦、楚之路，為指之不若人也。指不若人，則知惡之；心不若人，則不知惡，此之謂不知類也。

——《孟子・告子上》

上四個字，「病從口入」。一張口可以管好的話，人生的問題就去掉一大半了。孟子希望我們謹慎說話，如果在背後批評別人，招來後患怎麼辦呢？

好，下面我們談修養的正面方法。

原 言人之不善，當如後患何？

——《孟子‧離婁下》

【修養的方法】

首先，自我反省，從自己開始。孟子一直強調「反求諸己」，他說，做人處事就像比賽射箭一樣，端正好姿勢，再把箭射出去；如果沒有射中，不要抱怨勝過自己的人，而要「反求諸己」，反過來在自己身上找原因。

與其抱怨別人，不如回過頭在自己身上找原因，然後加以改善，下次就有更好的機會了。

孟子的自我反省絕不是完全被動的，他舉過一個例子：假定有個人對我非常粗暴蠻橫，我絕不跟他吵架，一定先自我反省：第一，我是不是不仁，做了不好的事呢？不是。我是不是沒有禮貌，對別人不夠客氣呢？也不是。最後一個，事不過三啊，我是不是沒有盡心竭力，做事情不夠盡責呢？

原 有人於此，其待我以橫逆，則君子必自反也：「我必不仁也，必無禮也，此物奚宜至哉？」其自反而仁矣，自反而有禮矣，其橫逆由是也。君子必自反也：

反省後肯定自己盡心竭力了，而那人的粗暴蠻橫還是一樣，這就說明他是個妄人，狂妄之人跟禽獸有什麼區別呢？對禽獸又何必計較呢？

這是孟子的方式。他先自我反省，反省透徹了，真的不能怪我，代表你有問題，反擊回去就很厲害。孟子很奇怪，動不動就說別人像禽獸一樣。說實在的，說一個人像禽獸一樣，有時候對禽獸反而是一種侮辱，因為禽獸不會做禽獸不如的事嘛。孟子的自我反省是有原則的，不完全是禮讓。很多人說儒家是溫良恭儉讓，那只是一方面；「自反而縮，雖千萬人，吾往矣」，這也是儒家，儒家是有正義精神的。

接著，孟子提到「尚志」，讀書人要提升自己的志向。什麼志向？仁和義。這是孟子思想的核心。仁和義來自人性的要求，並不是別人叫我做我才做，而是我真誠希望以適當的方式跟所有

「我必不忠。自反而忠矣，其橫逆由是也。」君子曰：「此亦妄人也已矣。如此則與禽獸奚擇哉？於禽獸又何難焉？」

——《孟子．離婁下》

原 王子墊問曰：「士何事？」孟子曰：「尚志。」曰：「何謂尚志？」曰：「仁義而已矣。」

——《孟子．盡心上》

人來往，見到父母要孝順，見到朋友要講信用，上班要認真工作，這是內心自然的願望。做到了就是有仁有義，但還是要沿著目標向上走。

顏淵是孔子的弟子，他說：「舜何人也？予何人也？有為者亦若是。」（〈滕文公上〉）舜是什麼樣的人？我是什麼樣的人？有所作為的人都應該像舜一樣。舜本來很平凡，家裡也很窮困，遭遇更是比我們都淒慘，他到最後都可以做得到，我們為什麼做不到呢？

所以人跟人不要比較表面的榮華富貴，也不要比較出身背景，而是要對自己的生命負責，看到別人有正面的成就要見賢思齊。

顏淵為什麼偉大？在《論語》中看不太清楚，因為顏淵上課很少發表自己的意見。孔子說：「我跟顏淵談了半天，他從來不會違逆我的意思，好像很笨一樣。但是下課之後看顏淵的作

原 子曰：「吾與回言終日，不違如愚。退而省其私，亦足以發，回也不愚。」

——《論語．為政》

為，他真的是去自己研究，並且加以發揮。所以顏淵並不笨啊。」

古代的一些偉人，如大禹治水，后稷教百姓稼穡（就是種田），讓大家有糧食吃，都很了不起。這兩個人的成就可謂光耀千古。但是顏淵呢？才活到四十歲，也沒機會做官，孔子都覺得很遺憾。顏淵過世，孔子哭得非常傷心，為什麼？他惋惜這個人才來不及服務社會。但是孟子說：「禹、稷、顏子，異地則皆然。」（〈離婁下〉）大禹、后稷、顏淵，如果換一個處境，做的都是一樣的。諸位想想看，顏淵地下有知，一定會感激涕零。孟子真是了不起，居然可以讓顏淵這個來不及發揮抱負的人跟大禹、后稷並列。孟子的眼光和歷史觀是超人一等的，一般人只以成敗論英雄，但是孟子可以看透一個人內在的修練跟外在的可能成就。一個人不能選擇時代，也不能說一定非要活到多麼高壽，我們要學習的是顏淵那樣的志向。

最後，當然是「人皆可以為堯舜」（〈告子下〉）。這又是了不起的話。

【修養的快樂】

開頭我們曾提出一個問題，修養會帶來快樂嗎？如果堅持了很久，苦得不得了，看看別人沒修養的，一天到晚吃喝玩樂都很開心，心裡難免想，早知道這樣就不要修養了。

我教書有時候也滿灰心的。有學生抱怨說，聽老師講儒家之後才知道應該孝順父母，不聽你的課就不用孝順了。我應該讓學生知道，孝順不是老師教你孝順才孝順，而是你自己懂了孟子思想，懂得人性的道理，孝順的時候快樂就會由內而發。當然，年輕的學生有時候是故意開玩笑講那些話的。

二〇〇八年五月二十六日，汶川大地震之後兩個星期，我到四川綿陽為北川中學的學生演講，那場演講是我這一生最難的挑戰。這麼大的災難剛剛發生，面對高中生能說什麼呢？我認真地把我所能說的說了，結束的時候看到對面牆上有一行標語，「天降大任於中國」，我就跟同學說：「大家知道這句話前面一半是出於《孟子》嗎？」他們說知道。我就讓他們念這段話，才念了第一句，一千多位學生一起念起來，那場面真令人感動。「天將降大任於是人也，必先苦其心志，勞其筋骨，餓其體膚，空乏其身，行拂亂其所為，所以動心忍性，曾益其所不能。」（〈告子下〉）前面苦得不得了，到最後震撼你的心思，堅定你的志節，讓你可以得到以前所沒有的才幹。沒有經過錘煉怎麼可能成為真金呢？在那種情況之下，大家一起念那樣一段文字，都覺得確實古代、現代融合為一了。在這麼大的患難裡面不但不要氣餒。反而更要振作起來。所以你說，修養好不好？修養到最後，感覺到我這一生可以承擔更大的使命了。

《孟子》裡談修養的快樂，還是以舜為例。孟子說，舜吃乾糧、啃野菜的時候，就像準備一輩子這麼過似的。等他當上了天子，穿著麻葛單衣，彈著琴，堯的兩個女兒侍候著，又像本來就享有這種生活似的。什麼意思呢？樂天知命。舜窮困的時候，覺得我這一生本來就是這個樣子，沒有什麼關係。後來當了天子之後，有各種享受，覺得這也沒什麼特別，因為我的心不在享受

原 舜之飯糗（ㄑㄧㄡˇ）茹草也，若將終身焉。及其為天子也，被袗（ㄓㄣˇ）衣，鼓琴，二女果，若固有之。

——《孟子・盡心下》

上。「若固有之」，好像本來就是如此，人生都在自己手上。這是《孟子》裡描寫舜最令我感動的一句話。

在這裡我想到《莊子》裡的一個故事。莊子很喜歡拿孔子作為古代人物的代表，有時候加以批評，有時加以稱讚。孔子在陳、蔡之間被圍，幾天沒有什麼糧食，學生開始抱怨了。孔子對他們說：「君子窮困的時候快樂，通達的時候快樂，我的快樂不在於窮困與通達，而在於道。」孟子跟孔子是一致的。

現在我們應該明白了，為什麼要修養？修養是成就自己，到達某種程度之後，快樂就會由內而發。

孟子還說：「窮困的時候努力讓自己變得完美，顯達的時候讓天下人一起變得完美，這就是讀書人的理想。」仔細閱讀《孟子》中的這些描

原 窮亦樂，通亦樂，所樂非窮通。

——《莊子．讓王》

原 窮則獨善其身，達則兼善天下。

——《孟子．盡心上》

寫，我們會發現，修養是多麼關鍵，由修養而來的快樂又是多麼讓人讚嘆。

孟子甚至還說：「去向權貴進言，一定要先看輕他，不要把他高高在上的樣子放在眼裡。」為什麼？權貴要生活的享受，如果有一天得志，我不要這種享受，我把古人的理想加以實踐，為百姓服務，所以何必害怕他呢？這代表人格是平等的。

官職、地位，要看個人的專長跟機會，人格是要自己負責的。

原 說大人，則藐之，勿視其巍巍然。

——《孟子．盡心下》

第五講

仁政有方法

在儒家，仁政不是唱高調，但為什麼歷朝歷代都做不到呢？孟子所說的仁政是怎麼一回事？

西元一九一二年二月十二日，清朝末代皇帝溥儀宣佈退位，延續了兩千多年的君主專制政體結束了。兩千多年的中國政治，可以用四個字來概括：「陽儒陰法」。表面打著儒家的招牌，實際採取法家的手段。為什麼儒家思想只能當招牌？難道儒家思想只是空想嗎？孟子所說的仁政是怎麼一回事？

歷代帝王總是希望能夠無限提高皇帝的權威，壓低臣子的價值，可以說，法家思想配合了這一需求。表面上打儒家招牌，是因為儒家的話很有道理，充滿智慧，對民眾容易有影響力、有號召力。如果我們請教孟子，說你那一套只能當招牌，實際上不能用，孟子肯定有不同的意見，我們今天要把這個道理說清楚。

大致可以分三方面來看，首先，孟子的仁政建立在良好的經濟條件上。政治要好，經濟是必要的條件。接著，既然是仁政，國君，也就是最高領導者，應當如何？然後再看大臣如何配合。古代社會比較單純一些，統治者、被統治者涇渭分明。今天的社會當然不同，作為普通民眾，我們相當自主，可以設法安排自己的生活，但是大格局還是有人當領導，有人被領導，這樣才能形成一個團體，形成一個國家。

【經濟是政治的基礎】

孟子說：「夫仁政必自經界始。」（〈滕文公上〉）這為他的仁政理想定下了基調。仁政要從劃分田界開始，劃分田界是讓老百姓耕者有其田，可以經由自己的努力獲得收成，養家餬口。

周朝實行井田制度，九百畝這麼大的地方，畫一個井字，中間這一塊稱為公田，八家各分一百畝地，稱為私田。公田是大家一起耕，其收成抽出來當稅收。公田上的農事做完，然後才敢做私田的事。這同一井田的八家人，出入的時候互相結伴，強盜來的時候互相幫助，生病的時候互相照顧，老百姓就會親近和睦。用現代的眼光來看，井田不光是經濟制度，也隱約有社區的觀念了。

以井田制為基礎，下一步就要設法做到不要耽誤老百姓耕種與收穫的季節，糧食自然吃不

原 鄉田同井，出入相友，守望相助，疾病相扶持，則百姓親睦。方里而井，井九百畝，其中公田。八家皆私百畝，同養公田。公事畢，然後敢治私事。

——《孟子・滕文公上》

原 不違農時，穀不可勝食也。數罟（ㄘㄨˋ ㄍㄨˇ）不入

完。細密的漁網不要放在大池裡捕撈，魚鱉自然吃不完。砍伐樹木按照一定的時間，木材自然用不盡。糧食和魚鱉吃不完，木材又用不盡，這樣就使老百姓養家活口、辦理喪事（木材也用來做棺材）都沒有什麼不滿，這就是王道的開始。這些條件，今天聽起來好像沒有太高的要求，但是在古代來說，已經很不容易了。

再進一步，在五畝大的宅院中種桑養蠶，五十歲的人就可以穿上絲棉襖。雞、狗與豬這些家禽家畜，不要錯過繁殖的季節，七十歲的老人家就有肉吃。孟子說：「七十歲的人有絲綿襖穿、有肉吃，一般老百姓不挨餓也不受凍，這樣還不能稱王天下，是從來不曾有過的。」

反過來看，這也反映出戰國時代的社會非常不公平。孟子經常抱怨那些諸侯「率獸食人」，廚房裡有肥肉——豬養肥後再殺，馬廄裡有肥

洿（ㄨ）池，魚鱉不可勝食也。斧斤以時入山林，材木不可勝用也。穀與魚鱉不可勝食，材木不可勝用，是使民養生喪死無憾也。養生喪死無憾，王道之始也。

——《孟子．梁惠王上》

原 曰：「庖有肥肉，廄有

馬，但是老百姓面帶飢色，野外有餓死的屍體，老百姓的糧食都被豬、馬吃掉了，這等於率領野獸來吃人。所以孟子談到仁政的時候，首先提出老百姓能夠安居樂業，這是樸實的要求，任何人都希望有這樣的生活條件。他不是唱高調，忽然就來一個很高的理想，而是很務實，要把農業社會的井田制辦好，然後一步一步深入，最後讓每個人都能夠過得愉快。

接著就要談到有恆產有恆心這樣的觀念。孟子很了解老百姓的痛苦，他說，老百姓沒有固定的產業，因而也就沒有堅定的心態。沒有堅定的心態，吃不飽穿不暖，就可能去違法亂紀，飢寒起盜心啊。如果他們犯了罪，被逮捕關押，受到懲罰，這就等於是統治者設下羅網陷害百姓。所以孟子強調要讓每一個人都有固定的產業。當然孟子也說，只有讀書人例外，讀書人沒有恆產也

肥馬；民有飢色，野有餓莩（ㄆㄧㄠˇ），此率獸而食人也。」

——《孟子．梁惠王上》

原 無恆產而有恆心者，惟士為能。若民，則無恆產，因無恆心。苟無恆心，放辟邪侈無不為已。及陷於罪，然後從而刑之，是罔民也。

——《孟子．梁惠王上》

能夠有恆心。他實在是太看得起讀書人了，他想的大概是像顏淵和他自己那樣的讀書人，從儒家這樣一貫下來的。至於一般的讀書人，如果沒有恆產，也不容易有恆心去做好事。

還有第三步，要有好的人倫教育，即「謹庠序之教，申之以孝悌之義」（〈梁惠王上〉），要好好辦學校，反覆闡說孝親敬長的道理。孝順父母，尊敬長輩，就是孝悌。每一家人都做到孝悌，天下自然就太平了。

在孟子眼中，仁政的出發點，一是讓老百姓有穩定的生活條件，二是有恆產有恆心，努力行善避惡，三是推行人倫教育。人倫教育的基本內容就是父子有親情，君臣有道義，夫婦有內外之別，長幼有尊卑次序，朋友有誠信，即所謂五倫，哪個社會不需要呢？只要能夠真正做到，哪個社會能不安定和諧呢？

【國君的責任】

身為國君，一個國家的領導，怎麼思考仁政的問題？孟子知道，要給他充分的誘因，讓他知道行仁政是有效果的，是值得做的，是可以做到的。

第一，分辨王道與霸道。王道讓人心悅誠服，國君應該推行王道，不要追求霸道。

什麼叫霸道？孟子說，霸道就是憑藉武力來號召行仁，霸道必須具備大國的條件。例如齊桓公是春秋五霸之首，當時齊國是武力大國，號召各國做好事，別人當然要聽。王道是什麼？孟子說，王道就是憑藉道德來努力行仁，王道不必要有大國的條件。例如商湯以縱橫各七十里的土地，周文王以縱橫各一百里的土地，這麼小的地方，就稱王了。憑藉武力使人服從，別人不是真

原 以力假仁者霸，霸必有大國；以德行仁者王，王不待大。湯以七十里，文王以百里。以力服人者，非心服也，力不贍也；以德服人者，中心悅而誠服也。如七十子之服孔子也。

——《孟子．公孫丑上》

心服從，而是因為力量不夠；憑藉道德使人服從，別人內心快樂，真心順服，就像七十多位弟子順服孔子一樣。王道是仁政的延伸、仁政的表現，可以讓大家心悅誠服，真的稱王。王道是遠遠勝於霸道的。

第二，分辨仁義與利益。仁義是最大的利益，可以事半功倍。翻開《孟子》第一章，就是孟子見梁惠王。前面講過，梁惠王一見面就說：「先生不遠千里來到這裡，將為我的國家帶來什麼利益吧？」孟子說：「你不必談利益，有仁義就夠了。」剛才我們提到商湯，商湯行仁政，他是王道。商湯向東方征伐，西邊的人就抱怨；他向南方征伐，北邊的人就抱怨，說：「為什麼把我們放在後面？」這些老百姓竟然喜歡自己的國家被討伐，為什麼？因為他們處在水深火熱之中，盼望商湯來主持正義，好像大旱之望雲霓一

原　天下信之，東面而征，西夷怨；南面而征，北狄怨，曰：「奚為後我？」民望之，若大旱之望雲霓也。歸市者不止，耕者不變，誅

樣。商湯的軍隊，一點也不驚擾百姓，做生意的照常來往，種莊稼的照常下田。商湯殺掉暴君，撫恤百姓，就像降了及時雨，老百姓非常歡喜。

「事半功倍」這個成語是怎麼來的呢？孟子說：「當今之時，擁有萬輛兵車的大國施行仁政，百姓的喜悅就像解除了倒懸的痛苦一樣。事情做到古人的一半，功效超過古人的一倍，只有在這個時候是如此。」古代描寫老百姓的痛苦，常常用「倒懸」這兩個字，就是頭下腳上掛著，真是痛苦得不得了。

第三，仁政的原則是與民偕樂。跟老百姓一起快樂，一起分享一切，就可以做到仁政的要求。

齊宣王問孟子：「我的園林只有縱橫各四十里，老百姓卻覺得太大；聽說周文王的園林縱橫各七十里，老百姓卻認為太小，這是為什麼

其君而弔其民，若時雨降，民大悅。

——《孟子．梁惠王下》

原 當今之時，萬乘之國行仁政，民之悅之。猶解倒懸也。故事半古之人，功必倍之，惟此時為然。

——《孟子．公孫丑上》

原 齊宣王問曰：「文王之囿方七十里，有諸？」

孟子對曰：「於傳有

呢？」孟子說：「周文王的園林縱橫各七十里，割草砍柴的可以去，打鳥捕兔的可以去，那是與百姓一同享用的，百姓認為太小，不是應該的嗎？我初到你齊國邊界時，先問清楚齊國有什麼重要禁令，才敢入境。我聽說在國都郊區有處園林，縱橫各四十里，殺了其中的麋鹿，就如同犯了殺人罪；這等於是在一個國家裡設下縱橫各四十里的陷阱，百姓認為太大了，不也是應該的嗎？」孟子設法讓國君知道，施行仁政其實很簡單，就是推己及人，不要把老百姓當成對立的一方，而是要與民偕樂。

最後，仁政的效果是什麼？四個字，「仁者無敵」。只要推行仁政，天下沒有敵人，因為行仁是合乎人性的要求。仁就是我對你很好。誰不希望你對他好呢？你對他好，他支持你，這是天經地義。這種觀念在儒家裡面是一貫的，《論

之。」

曰：「若是其大乎？」

曰：「民猶以為小也。」

曰：「寡人之囿方四十里，民猶以為大，何也？」

曰：「文王之囿方七十里，芻蕘者往焉，雉兔者往焉，與民同之；民以為小，不亦宜乎？臣始至於境，問國之大禁，然後敢入。臣聞郊關之內，有囿方四十里，殺其麋鹿者，如殺人之罪；則是方四十里為阱於國中，民以為大，不亦宜乎？」

——《孟子．梁惠王下》

語・顏淵》裡說：「君子敬而無失，與人恭而有禮，四海之內皆兄弟也。」一個人只要做事嚴肅認真，不出差錯，對人恭敬有禮，四海之內皆兄弟也。這說明人性向善是普遍的，只要行善，天下誰不支持呢？

【大臣的責任】

國君高高在上，具體實施統治的是大臣這個層面。在仁政當中，儒家對於大臣有什麼要求？《論語》裡有一段對話可以作為思考這一問題的引線。

有一個人去請教孔子說：「仲由（即子路）和冉求（也叫冉有）可以算得上大臣嗎？」孔子的學生分為四科：德行、言語、政事、文學，政事就是政務跟事務，將來可以當公務員。仲由和冉求即屬於政事科。孔子回答說：「不行，他們不能算大臣，只能算具臣。」什麼叫具臣呢？他們有專業能力，可以把某一項政務做好，可以盡到做一個臣子的責任。而真正的大臣，應該是「以道事君，不可則止」，我用正道來服事國君，行不通就辭職。孔子對大臣的要求很簡單，

原 季子然問：「仲由、冉求。可謂大臣與？」子曰：「吾以子為異之問，曾由與求之問？所謂大臣者，以道事君，不可則止。今由與求也，可謂具臣矣。」

——《論語・先進》

就是要跟國君合作，照顧百姓，如果這個路走不通，那就寧可辭職。

在孟子看來，大臣要匡正國君，這是第一點。國君不見得都不好，只能說一個人的能力有限，天下這麼大，不是一個人可以治好的。所以大臣看到國君有偏差的時候，就要匡正。孟子說：「唯大人為能格君心之非。」（〈離婁上〉）只有德行完備的人，才能夠改正國君的偏差心思。換句話說，要改正國君，自己先要修養好。不能說當了大臣，就專門去看國君有沒有錯，如果自身沒有德行，國君也不會聽你的建議。

國君很容易有偏差的念頭，看看歷史就知道。商紂王年輕的時候既聰明又勇敢，真是個人才。直到有一天，他的叔叔，就是箕子，看到商紂王很喜歡象牙做的筷子，就知道糟糕了。因為別人看到商紂王這麼喜歡精美的象牙筷子，就四處尋找稀奇古怪的寶貝給他，他開始沉迷在這些寶貝裡面。箕子很擔心，但屢勸不聽，最後只好放棄。所以，如果開始走偏的時候沒有糾正，後果就不堪設想。

另一方面，孟子有一句話值得我們深思：「長君之惡其罪小，逢君之惡其罪大。」（〈告子下〉）國君犯什麼錯，助長他一下，孟子認為這種罪行還算小。什麼叫「逢君之惡」呢？逢迎國君的罪惡，幫國君找藉口，這是讀書人最壞的毛病。孟子認為這個不能原諒。偏偏他就碰過這樣的事情。

燕國發生內亂，齊宣王趁機派兵攻打，五十天之內就把燕國打下來。孟子勸他把軍隊調回來，不要占領別人的國家。齊宣王不聽。兩年之後，各路諸侯商議聯合出兵對付齊國，這時齊宣王慌了手腳，怎麼打得過聯軍呢？有一個大臣——應該是具臣，就跟齊宣王說：「大王不必難過。大王在仁德和明智方面與周公相比怎麼樣？他派兄弟管叔等人去監督武庚（武庚是商紂的兒子），結果他們一起叛亂。周公知道他會反叛而派他去，那是不仁；不知道他會反叛而派他去，那是不智。仁德與明智，周公都沒有完全具備，何況是大王呢？」

這個大臣書讀得不錯，但是這種心態實在要不得。一個人做錯事還遮遮掩掩的，如果你跟他說做得對，他就要明目張膽起來了。

第二，盡忠職守。本身的職務沒做好，怎麼

原 陳賈曰：「王無患焉。王自以為與周公孰仁且智？」

王曰：「惡！是何言也！」

曰：「周公使管叔監殷，管叔以殷畔。知而使之，是不仁也；不知而使之，是不智也。仁智，周公未之盡也，而況於王乎？賈請見而解之。」

——《孟子．公孫丑下》

能算大臣呢？孟子有次到了齊國的平陸，對當地的長官孔距心說：「如果你的衛士一天三次失職，你會開除他嗎？」孔距心說：「不必等到三次。」孟子說：「那麼你失職的地方也夠多了。遇到災荒年頭，你的百姓年老體弱的餓死在田溝山溪裡，年輕力壯的逃散到四方，大概有一千人了。」孔距心說：「這不是我能夠解決的。」他的意思是，雖然地方上有糧倉，但糧倉是中央下命令才能開，如果他擅自開倉賑民，會遭法辦。孟子說：「如果有個人替別人放牧，那麼這個人一定要為牛羊找到牧場和草料。如果找不到牧場和草料，那麼他是把牛羊還給主人呢？還是站在那裡看著牛羊餓死？」孔距心還算很誠懇，聽了之後說：「這確實是我的罪過。」過了幾天，孟子把這番對話轉述給齊宣王聽，說：「大王的地方長官，我認識五位。明白自己罪過的，只有孔

原 孟子之平陸，謂其大夫曰：「子之持戟之士，一日而三失伍，則去之否乎？」曰：「不待三。」「然則子之失伍也亦多矣。凶年饑歲，子之民，老羸轉於溝壑，壯者散而之四方者，幾千人矣。」曰：「此非距心之所得為也。」曰：「今有受人之牛羊而為之牧之者，則必為之求牧與芻矣。求牧與芻而不得，則反諸其人乎？抑亦立而視其死與？」曰：「此則距心之罪也。」

他日，見於王曰：「王

距心。」齊宣王很聰明，說：「這是寡人的罪過啊。」

孟子告訴我們，一個大臣擔負某個職務，卻不辦實事，照顧不好老百姓，不能找任何藉口，做不到就該辭職。

還有一個例子。有一位宋國的大夫，叫戴盈之，他聽孟子講怎麼照顧百姓，很感動，就說要免除關卡和市場上的徵稅，但今年還做不到，先稍微降低點吧，到明年再整個改善。孟子打了個比方說：「如果有個人每天偷鄰居一隻雞，別人跟他說，這不是君子的作為。他說好，我就減少一點，每個月偷一隻雞，等到明年再停止不偷。如果知道那種事不合道義，就趕快停止算了，為什麼要等到明年？」說實在話，這個比喻有點咄咄逼人，卻正義凜然，叫人知道錯了就應該立刻改正。

之為都者，臣知五人焉。知其罪者惟孔距心。」為王誦之。王曰：「此則寡人之罪也。」

——《孟子．公孫丑下》

原 戴盈之曰：「什一，去關市之征，今茲未能，請輕之，以待來年然後已，何如？」

孟子曰：「今有人日攘其鄰之雞者。或告之曰：『是非君子之道。』曰：『請損之，月攘一雞，以待來年然後已。』如知其非義，斯速已矣，何待來年？」

——《孟子．滕文公下》

第三，好善為先。大臣必須謙虛，心胸開闊，能夠廣採眾議。孟子有個學生叫樂正子，是魯國人，國君準備重用他，讓他治理國政。孟子聽說之後高興得睡不著覺，整部《孟子》書裡他在這裡最高興，叫「喜而不寐」。學生公孫丑一連問他：「樂正子剛強嗎？有智慧和謀略嗎？見多識廣嗎？」孟子都說不是。「那先生為什麼高興得睡不著覺呢？」孟子說：「樂正子只有一個優點，叫好善。就是喜歡聽取善言，別人的話只要有價值，就喜歡聽。以此治理天下都有餘，何況治理魯國呢？」

好善是優良的品德，對於為官者尤其重要。孟子後面講得很生動，他說，如果一個人不喜歡聽取善言，大家就會模仿他說：「呵呵，我早就知道了。」他那個表情、那個聲音把別人拒絕在千里之外了。如果一個人喜歡聽取善言，天下人

原 魯欲使樂正子為政。孟子曰：「吾聞之，喜而不寐。」

公孫丑曰：「樂正子強乎？」曰：「否。」

「有知慮乎？」曰：「否。」

「多聞識乎？」曰：「否。」

「然則奚為喜而不寐？」曰：「其為人也好善。」

「好善足乎？」曰：「好善優於天下，而況魯國乎？夫苟好善，則四海之內

就會不遠千里趕來提供好的建議。這樣就可以集眾善之所長，集思廣益。

第四，修養德行。孟子說嚮往仁義忠信，樂於行善而不疲倦，是天賜的爵位；做官，當公卿大夫，是人給的爵位。一個人活在世界上，有各種豐富的潛能，培養好天爵，德行就會越來越完美。我們行善避惡，不是為了得到別人的稱讚，而是為了對得起自己，呼應自我的要求。如果德行好，就可以做官照顧百姓，何樂而不為呢？反之，現在的人修養天爵，不過是為了當官；當了官之後，就把什麼仁義忠信都拋棄了，真是太糊塗了，最終一定會丟官罷職的。孟子對現實的針砭還是非常辛辣。

皆將輕千里而來告之以善。夫苟不好善，則人將曰：『訑訑：予既已知之矣。』訑訑之聲音顏色，距人於千里之外。

——《孟子・告子下》

原 有天爵者，有人爵者。仁義忠信，樂善不倦，此天爵也；公卿大夫，此人爵也。古之人修其天爵，而人爵從之；今之人修其天爵，以要人爵；既得人爵，而棄其天爵，則惑之甚者也，終亦必亡而已矣。

——《孟子・告子上》

【仁政不是唱高調】

最後，我們做一個總結。孟子有一句話傳頌千古，叫「民為貴，社稷次之，君為輕」（〈盡心下〉）。這種民本思想來源很早，《尚書》裡的〈五子之歌〉就說：「民為邦本，本固邦寧。」人民是國家的基礎，基礎穩固了，國家就安定了。

在孟子的時代，君貴民輕，而孟子說民貴君輕，是一件了不得的事情。這種民本思想的背後，是對每個生命個體的尊重。生命的價值是平等的，今天誰當君，誰當臣，誰當民，是各種條件配合造成的，各自扮演的角色不同而已。

如果談政治哲學，孟子有一段話是古今中外所有從政者都應該奉為圭臬的。他說，如果孔子、伯夷、伊尹有機會來做國君的話，這些偉大

原 行一不義，殺一不辜，而得天下，皆不為也。

——《孟子・公孫丑上》

的聖賢啊，如果要他們做一件不該做的事，殺一個無辜的人，因而得到天下，他們都不會去做。

諸位想想看，古今中外多少政治領袖，誰能做到這十六個字呢？例如這個人是無辜的，他被殺了，將來別人為了得天下，殺無辜的人，你或者你的親戚朋友也可能被無辜殺害，所以不能犧牲任何一個人。當然，事實上孔子沒有說這些話，這是孟子對孔子的想像，也是對孔子的深刻理解。為了得到某種權力而放棄原則，這的確不是孔子的作為。

我們說過，在儒家，仁政不是唱高調，但為什麼歷朝歷代都做不到呢？這是因為有些人做好事，做著做著發現沒什麼用，就不做了。孟子講過一個比喻，叫杯水車薪。實踐仁德的人，就像用一杯水去救一整車木柴的火；水倒上去沒用，就說水不能救火，乾脆不要救算了。

原　仁之勝不仁也，猶水勝火。今之為仁者，猶以一杯水救一車薪之火也，不熄，則謂之水不勝火。此又與於不仁之甚者也，亦終必亡而已矣。

——《孟子・告子上》

這說明什麼？水要勝火，需要相當的量；仁的作用也不能只靠一念之轉，而需要長期大量施行，行仁是一輩子的事。

政治上也好，實際生活上也好，學習儒家一定要明白做好事能得到快樂，這種快樂是由內而發的快樂，而不是外面的稱讚和別人的鼓勵。如果不能從外面轉到內在，永遠在等待別人的肯定，做好事就像無源之水，不會長久。

儒家講人性向善，從真誠開始，力量由內而發，所以快樂也是由內而發。了解這個道理之後，就會對快樂有明確的定位，只有這種內在的快樂，才是永遠真正的快樂，不會輕易為外物干擾。對於外在的貧富、生活的清苦或者能不能得到某種權力，就都能比較淡然視之了。

這是幻想嗎？當然不是。但了解道理之後付諸實踐，中間需要修養的過程。修養也可以帶來快樂，而且需要長期實踐，才會發現這種快樂確實跟別的快樂不一樣，因為它來自人性內在的要求。

儒家的仁政理想以人性作為基礎，並構成一套圓滿的系統，凡是跟儒家不一致的想法，用在政治上都有後遺症，用四個字來說叫「架漏牽補」。就是說一個房子有問題，這邊補一點，那邊補一點，永遠在這個過程裡面，無法根本解決問題。孟子的自信來源於，他認為只有從人性出發，推行仁政，人類社會才可能成為人間樂土。整個周朝從周公開始，就是設法讓國家跟學校類似，政治跟道德結合。

我們生活在國家裡，這個國家也是個大學校，所有政治上的活動都是道德上的活動，這樣配合起來，個體的人的生命才有真正的安頓。

第六講

異端要批判

從春秋到戰國一路下來，亂是一個事實。為什麼亂呢？因為思想有偏差。孟子如何批判當時流行的觀念呢？

孔子、孟子所處的春秋戰國時代，社會處於大變革時期，產生了各種思想流派，如儒、道、法、墨、陰陽、縱橫、農等，他們著書講學，互相論戰，出現了學術上的繁榮景象，後世稱為百家爭鳴。對於儒家，對於孔子、孟子來說，道，法、墨等其他各派都是異端。孟子是對異端持堅定批判立場的思想家，這是為什麼？他是怎麼批判的呢？

【為什麼要批判異端？】

孔子認為沒有必要去批判異端。他說：「攻乎異端，斯害也已。」（《論語・為政》）批判異端，會帶來後遺症。孔子還說過：「道不同，不相為謀。」（《論語・衛靈公》）立場不一樣，彼此沒有什麼好商量的，天下路多得很，可以各走各的路，也許將來你會發現我是對的，或者我發現你是對的，不需要現在立刻分一個對錯。

到了孟子的時候，也就是戰國時代中期，天下大亂。孟子發現，從春秋到戰國一路下來，亂是一個事實，為什麼亂呢？因為思想有偏差，思想有偏差就會表現在行為上，造成各種複雜的不良後果。換句話說，當時流行的觀念有問題。也許有人會說，儒家應對中國歷史上的亂世負主要責任，因為儒家負責教育。但實際上，儒家思想從來沒有被認真理解、實踐。

孟子認為，當時聖王不再興起，諸侯無所顧忌，士人亂發議論，天下所有的言論，不是歸向楊朱這一派，就是歸於墨翟這一派。楊朱主張一切都為自己，什麼事情都要為自己考慮，這是無視於君主的存在；墨翟主張兼愛，就是愛人不分差等，這是無視於父母的存在。無視於父母與君主的存在，那就成禽獸了。

我們也可以想一下，像墨子那樣平等地愛每一個人，可行嗎？被愛的人也會覺得奇怪、複雜，例如父母親感覺你好像弄錯了，怎麼愛護父母和愛護鄰居的老人家一樣？那父母不是白養你了嗎？為什麼鄰居家的小孩不一樣來孝順我呢？

楊朱沒有著作傳下來，他的思想細節我們不

原 聖王不作，諸侯放恣，處士橫議，楊朱、墨翟之言盈天下。天下之言不歸楊，則歸墨。楊氏為我，是無君也；墨氏兼愛，是無父也。無父無君，是禽獸也。

——《孟子．滕文公下》

清楚，但是墨家有著作，把墨翟這一派人說成是禽獸，大概沒有人同意。連孟子自己都說：「墨子兼愛，摩頂放踵利天下，為之。」（〈盡心上〉）磨禿頭頂，走傷腳跟，是為了幫助天下人啊。《莊子・天下》中提到墨翟也很尊重，說他真是一個有才華又能幹的好人，一般人做不到。但墨子的問題也就在這裡，提倡一種思想，只有自己或少數人可以做到，不能普及於一般民眾，這種思想就有所局限。儒家高明之處也在這裡，提倡一種思想，就考慮讓天下人都可以做到，因為它完全基於人性。

為什麼要批判這些學說呢？孟子的回答可謂義正辭嚴：「楊朱、墨翟的思想不消除，孔子的思想不發揚，荒謬的學說就會欺騙老百姓，阻塞仁德和義行。仁德和義行被阻塞，就會導致率領野獸來吃人，人與人也將互相殘殺。」孟子深懷

原　楊墨之道不息，孔子之道不著，是邪說誣民。充塞仁義也。仁義充塞，則率獸食人，人將相食，吾為此

憂懼，擔心這樣一路發展下去，將來只能走向毀滅了。所以他才要起而抗拒楊、墨等人的思想，而且他申明：「予豈好辯哉，予不得已也。」（〈滕文公下〉）

我們今天就要看一看，孟子怎麼批判異端，他講的有沒有道理。

懼。閑先聖之道，距楊墨，放淫辭，邪說者不得作。作於其心，害於其事；作於其事，害於其政。聖人復起，不易吾言矣。

——《孟子・滕文公下》

【農家的矛盾之處】

首先來看一個比較特別的學派，叫農家。農家的觀點，簡單說起來就是每個人都要耕田，然後才可以吃飯，這是從神農氏發展下來的。有個奉行農家學說的人，叫許行，從楚國來到滕國。當時在位的是滕文公，孟子的朋友。許行對滕文公說：「聽說您施行仁政，希望得到一個住處，成為您的百姓。」滕文公很高興，「我的國家這麼小，居然有一個學派的領袖，帶著弟子來依靠我！」就給了他一個住處。許行有弟子數十名，都穿粗麻衣服，以編草鞋、織席子為生，生活非常儉樸。這個時候有兩兄弟，陳相、陳辛，從宋國來到滕國。他們本來是學儒家的，看到許行和弟子這種農家的生活方式，很是羨慕。為什麼呢？諸位可以想想看，幾十人在一起耕田、做粗

原 有為神農之言者許行，自楚之滕，踵門而告文公曰：「遠方之人，聞君行仁政，願受一廛（ㄔㄢˊ）而為氓。」文公與之處。其徒數十人，皆衣褐，捆屨、織席以為食。陳良之徒陳相與其弟辛負耒耜（ㄌㄟˇ ㄙˋ）而自宋之滕……見許行而大悅，盡棄其學而學焉。陳相見孟子，道許行之言曰：「滕君，則誠賢君也，雖然，未聞道也。賢者與民並耕而食，饔飧（ㄩㄥ ㄙㄨㄣ）而

活過日子，沒有什麼複雜的利害關係，而且大家情同手足，互相照顧，有點原始共產主義的樣子。所以陳相跟弟弟就放棄儒家學說，轉投農家學派。

陳相去見孟子，轉述許行的話說：「滕文公還不夠好。為什麼？因為真正賢明的君主應該與百姓一起耕田養活自己，一面燒火做飯，一面治理百姓。現在滕國的倉庫裡還藏著很多糧食和貨物，這是損害百姓來供養自己。」孟子聽了當然不開心，就反問起陳相來。

孟子問：「許子一定自己耕田才吃飯嗎？」陳相說：「是的。」「許子一定自己織布才穿衣嗎？」「不是，許子穿粗麻衣服，不用織就可以穿的。」「許子戴帽子嗎？」「戴的。」「戴什麼樣的帽子？」「白綢帽子。」「許子自己織的嗎？」「不是，用糧食換來的。」「為什麼不自

治。今也滕有倉廩府庫，則是厲民而以自養也，惡得賢？」

孟子曰：「許子必種粟而後食乎？」曰：「然。」「許子必織布然後衣乎？」曰：「否，許子衣褐。」「許子冠乎？」曰：「冠。」曰：「奚冠？」曰：「冠素。」曰：「自織之與？」曰：「否，以粟易之。」曰：「許子奚為不自織？」曰：「害於耕。」曰：「許子以釜甑（ㄗㄥˋ）爨（ㄘㄨㄢˋ），以鐵耕乎？」曰：「然。」「自為

己織呢？」「這樣會妨礙耕田。」到這裡，孟子已經讓許行的問題暴露出來了。不能自己做白綢帽子，而用糧食交換，別人替你做帽子就沒有時間耕田，按照農家的邏輯，你耕田是對的，別人做帽子是不對的，那幹嘛跟他換帽子呢？

孟子接著問：「許子用鍋燒飯，用鐵器耕田嗎？」「是的。」「是他自己做的嗎？」「不是，用糧食換來的。」那好了，帽子、鍋、耕田的鐵製農具，都是用糧食換來的，別人都不對，因為沒有耕田，那麼為什麼不自己做，樣樣東西都從自己屋裡取來用呢？陳相說：「各種工匠的工作，本來就不可能和耕種一起進行啊。」孟子反問：「難道治理天下就能和耕種一起進行嗎？一個人身上的用品，要靠各種工匠的努力才能齊備，如果一定要自己製作才能使用，天下人就會疲於奔命。」這就指出了農家立場的根本問題。孟子提

之與？」曰：「否，以粟易之。」

「以粟易械器者，不為厲陶冶；陶冶亦以其械器易粟者，豈為厲農夫哉？且許子何不為陶冶，舍皆取諸其宮中而用之？何為紛紛然與百工交易？何許子之不憚煩？」曰：「百工之事，固不可耕且為也。」

「然則治天下獨可耕且為與？有大人之事，有小人之事。且一人之身，而百工之所為備。如必自為而後用之，是率天下而路也。」

——《孟子・滕文公上》

醒農家，一個社會，必須依靠分工合作才能存在和發展，才能夠讓每個人都得到需要的物品。

陳相強辯說：「如果按照許子的辦法，市場的價格可以比較單純，不會有作假的事。即使叫小孩子到市場上去買東西，也不會有人欺騙他。布匹、絲綢長短相同，價錢就一樣；麻線絲綿輕重相同，價錢就一樣；五穀數量相同，價錢就一樣；鞋子大小相同，價錢就一樣。」這實際上也是不堪一擊的說法。孟子指出：「物品各有差別，這是它們的實際情況。如果粗糙的鞋子和精緻的鞋子一樣價錢，那麼誰肯做精緻的鞋子呢？再例如石頭，有一般的石頭，也有玉石，有鑽石，價錢一樣的話，天下就亂套了。依照許子的辦法，大家就都一個一個作假去了，哪裡還能治理國家？」

孟子告訴我們，農家的想法，也許出發點是對的，但實際上自相矛盾，根本不能達成。

原 「從許子之道，則市賈不貳，國中無偽。雖使五尺之童適市，莫之或欺。布帛長短同，則賈相若；麻縷絲絮輕重同，則賈相若；五穀多寡同，則賈相若；屨大小同，則賈相若。」

曰：「夫物之不齊，物之情也。或相倍蓰（ㄒㄧˇ），或相什百，或相千萬。子比而同之，是亂天下也。巨屨小屨同賈，人豈為之哉？從許子之道，相率而為偽者也。惡能治國家？」

——《孟子．滕文公上》

【墨家違反人情之常】

孟子三言兩語，就讓農家站不住腳，無法再堅持了。比較厲害的對手是另外一派，就是墨家。墨家在歷史上有成就，有著作傳世，學派也有後續的發展。

有個叫夷之的墨家學者，經徐辟介紹，想求見孟子，孟子託病推辭。過了幾天，夷之又來求見。兩人雖然還是沒有見面，卻經徐辟傳話，有了一番交鋒。

在辦理喪事上，墨家崇尚薄葬，儒家崇尚厚葬。孟子有件著名的事情，就是為母親買了最好的棺木。孟子說：「墨家辦理喪事以薄葬為原則，夷子想用來改革天下，是否認為不薄葬就不可貴呢？然而夷子卻厚葬自己的父母，那就是用他自己所輕視的方式去對待父母了。」夷子反駁

原 墨者夷之，因徐辟而求見孟子。孟子曰：「吾固願見。今吾尚病，病癒，我且往見。」夷子不來，他日，又求見孟子。孟子曰：「吾今則可以見矣。不直，則道不見，我且直之。吾聞夷子墨者，墨之治喪也，以薄為其道也，夷子思以易天下，豈以為非是而不貴也？然而夷子葬其親厚，則是以所賤事親也。」

徐子以告夷子。夷子

說：「你們儒家認為『古之人若保赤子』，古代的國君愛護百姓就像愛護嬰兒一樣，這句話是什麼意思？我認為它的意思是『愛無差等，施由親始』，對人的愛不分差別等級，不過施行要由父母開始。」

孟子怎麼回答？他說：「夷子真以為世人愛自己兄弟的兒子就像愛鄰居的嬰兒一樣嗎？嬰兒在地上爬行，快要掉進井裡了，每個人都覺得不忍心，因為大家知道嬰兒本身沒有罪過，所以都想救他。但是這只是我們對嬰兒是無辜的、他完全不知道危險的情況所起的直接反應，並不代表愛沒有差等。」事實上，我們總是依人的自然情感去對待父母親友，再推及別人，這就是愛有差等。例如我們對於老朋友總是比較熱絡，對於剛認識的人比較生分，這是很自然的。如果對每個人都一樣親切，那些剛剛認識的人可能會嚇一

曰：「儒者之道，古之人若保赤子，此言何謂也？之則以為愛無差等，施由親始。」

徐子以告孟子。孟子曰：「夫夷子信以為人之親其兄之子，為若親其鄰之赤子乎？彼有取爾也。赤子匍匐將入井，非赤子之罪也。且天之生物也，使之一本，而夷子二本故也。蓋上世嘗有不葬其親者，其親死，則舉而委之於壑。他日過之，狐狸食之，蠅蚋（ㄖㄨㄟˋ）姑嘬（ㄔㄨㄞˋ）之。其顙（ㄙㄤˇ）有泚（ㄘˇ），睨

跳，幹嘛對我那麼好呢？認識比較久的朋友會覺得難過，你怎麼對別人跟對我一樣呢？這是人情之常。

孟子接著說：「上天生下萬物是一個本源，叫作一本，而墨家認為是二本。」這個一本、二本之爭很有意思，我們稍微解釋一下。一本就是每個人都由父母所生，是一個祖先，一個來源。二本的「二」代表多數，就是除了我的父母、我的祖先之外，還有很多老人家、別人的祖先，他們應該受到我一樣的對待。孟子就講了一個故事，說明葬禮是怎麼來的。

孟子說：「大概上古有不埋葬父母的人，父母死了就抬去丟到山溝裡。」這是孟子的想像。「過了幾天經過那裡，一看，哎呀，狐狸正在啃他父母的屍體，蒼蠅蚊蟲在上面吸吮。這個人額頭上冒出汗來，斜著眼不敢正視。這些汗不是流

(ㄋㄧˋ)而不視。夫泚也，非為人泚，中心達於面目，蓋歸反虆(ㄌㄟˊ)梩(ㄌㄧˊ)而掩之。掩之誠是也，則孝子仁人之掩其親，亦必有道矣。」

徐子以告夷子。夷子憮然為間，曰：「命之矣。」

——《孟子‧滕文公上》

給別人看的，而是心裡慚愧自然表露在臉上。他立刻回家拿來鋤頭、畚箕，把父母的遺體埋葬了。這說明什麼？葬禮並不是規定你做你才做，而是作為人子，出於內心的情感應該要做的，這就是葬禮的由來。」夷子說：「我領教了。」他承認孟子說的是對的。

儒家認為，人類社會有各種規範、禮儀，有時候看起來很花時間，很費錢財，卻是源自內心真誠情感的需要。為什麼花這麼多錢買好棺木埋葬親人呢？為什麼不替活人著想呢？但問題是，我們活人對於過世的長輩，心中的感情必須經過合適的葬禮才能夠得到平撫，才能得到安頓。孟子說：「我寧可自己節省一點，也不能草率地替父母辦葬禮。」所以儒家的厚葬絕不是外在的形式而已，而是你不這樣做就覺得心中不安、心中不忍。與此對照，墨家就有點違反人之常情，只看現實的利害關係，人已經死了就不要管他了，未免失之簡單。

【其他批判】

孟子曾說，楊朱這個人「拔一毛而利天下，不為也」（〈盡心上〉）。倫理學上有利己主義、利他主義之分。做任何事情都要對自己有利，對自己有利就是對的，這叫利己主義；反過來，對別人有利就是對的，這叫利他主義。

有時候，利己、利他並不矛盾。例如有個主張利己主義的教授，有一天，他看到路邊一個乞丐大聲喊著：「可憐我吧，給我錢吧！」就掏了五塊美金給他。

有個學生看見了，就來問他：「老師不是主張利己嗎？剛才為什麼給乞丐錢，變成利他呢？」

他說：「我沒有利他，我還是利己。他叫的聲音太難聽了，我聽著很難過，為了讓他閉嘴，我就給他五塊錢。他不叫了，我就覺得比較愉快，我還是利己啊！」

這就說明利己和利他可以轉化，怎麼可能世界上人人受苦，你一個人快樂呢？不可能的，感情是有傳染力的。

墨家和楊朱，一個是完全為別人考慮，一個是完全為自己考慮，在孟子看起來，都太極端了。通常，我們沒有受過哲學訓練，不太想這些問題。楊朱有什麼不對呢？這個社會不是每個人都替自己著想嗎？有時候，我們看到很多人把家務事搬到電視上去談，真是不忍心。清官難斷家務事嘛，每個人講得都有道理，誰能說得清楚呢？專家學者坐在旁邊，評說起來很容易，但他自己的事情處理好了沒有呢？楊朱的理由顯現出來了。

而墨家要去照顧天下每一個人，這是很讓人感動的事情。這樣一來，似乎楊朱與墨家都很合理。但孟子照著邏輯推論下去，卻說楊朱不要國君，墨家不要父母，就跟禽獸一樣。孟子實際上是說，你們這些想法不可能普遍應用在社會上，否則社會就不成其社會了。

孟子有兩個專長，第一個，是知言，一聽到什麼話就知道裡面有沒有漏洞和破綻。一般人只注意講得好不好聽，但孟子知道這種言論的邏輯後果，知道思想觀念會影響具體的政治舉措，一旦實踐就會影響百姓生活。第二個，是之前介紹的浩然之氣。

還有什麼異端需要批判？縱橫家。像我們熟悉的蘇秦、張儀，積極遊走於諸侯之間，搖唇鼓舌，一會兒主張合縱，一會兒主張連橫，這類通常被稱為策士的人，就是縱橫家。

有人跟孟子說：「這些人是大丈夫啊，他們一發怒，諸侯就害怕，他們安居家中，天下就太平無事。」為什麼？因為這些人口才很好，熱中政治活動，一生氣可以聯合各國來對付你。孟子說：「這怎麼能算大丈夫呢？」他因此說出了什麼才是大丈夫的千古名言：「富貴不能淫，貧賤不能移，威武不能屈，此之謂大丈夫。」（〈滕文公下〉）縱橫家能做到哪一點呢？孟子對縱橫家是不屑一顧的，認為這些人只是逞口舌之利而已。

戰國時代中期，人心紛亂，有不少行為和言論，在孟子看來都是有問題的。他不厭其煩，有機會就加以批判和導正。

有個人叫陳仲子，在齊國名聲特別好。孟子說：「於齊國之士，吾必以仲子為巨擘（ㄅㄛˋ）焉。雖然，仲子惡能廉？」在齊國的讀書人裡，我一定推選他為巨擘。巨擘，就是大拇指。但是，孟子認為陳仲子的廉潔不值得學習。陳仲子出身於齊國世家，有貴族的身分地位，但是他認為這個身分地位不太合理，就自己離開家，住到

原 景春曰：「公孫衍、張儀豈不誠大丈夫哉！一怒而諸侯懼，安居而天下熄。」

——《孟子．滕文公下》

原 匡章曰：「陳仲子豈不誠廉士哉？居於（ㄩ）陵，三日不食，耳無聞，目無見

鄉下去了。他過得非常窮困，有一次三天沒有吃東西，餓得頭昏腦脹。最後撿到一個李子，已經被金龜子啃掉了大半，他拿來吞下去，才有了點精神。這實在是太慘了。

有一天，他帶著妻子回城探望母親，正好有人送給他哥哥一隻活鵝。他哥哥有官位，有人送禮很正常。他一看卻很生氣，皺著眉頭說，要這種呃呃叫的東西幹什麼？隔了幾天，母親把鵝殺了跟他一起吃。這時哥哥從外面回來，說：「這就是呃呃叫的東西的肉啊！」他一聽，立刻跑到外面把食物吐掉：「你這隻鵝說不定是賄賂的，來路不明，所以我是不吃的。」孟子說：「這種態度也太過頭了，你怎麼知道你每天吃的糧食是好人種的還是壞人種的？你怎麼知道你住的房子是好人蓋的還是壞人蓋的？如果一定要這麼廉潔的話，只有變成蚯蚓才能夠做到。蚯蚓以泥土為

也。井上有李，螬（ㄘㄠˊ）食實者過半矣，匍匐往，將食之，三咽，然後耳有聞，目有見。」

孟子曰：「……充仲子之操，則蚓而後可者也。夫蚓，上食槁壤，下飲黃泉。仲子所居之室，伯夷之所築與？抑亦盜跖之所築與？所食之粟，伯夷之所樹與？抑亦盜跖之所樹與？是未可知也。」

曰：「是何傷哉？彼身織屨，妻辟纑（ㄌㄨˊ），以易之也。」

曰：「仲子，齊之世家

食，什麼都不需要擁有，的確是非常『廉潔』了。」孟子顯然是在諷刺陳仲子。一個被認為全國最廉潔的人，在孟子眼中，實際只是拘泥頑固，堅持某些原則而不知變通的可憐可笑之人，一個好好的讀書人恐怕就這樣糟蹋埋沒了。

儒家思想為什麼可貴？就因為它能變通。變通並不是像牆頭草一樣隨風倒，而是守經達權，是有原則的變通。

人間的事情沒有重複的，從前這樣做是對的，今天這樣做不一定對，因為環境變了，情況變了。原則來自於什麼地方？真誠。對於原則的了解和堅持是不能變的，不能有絲毫妥協。

再看鄭國的子產。在孔子心目中，子產是一位君子，孔子稱讚他是一個難得的政治領袖。孟子卻說子產不太懂政治。子產曾用自己乘坐的車輛幫助別人過河，孟子批評道：「如果十一月修

也，兄戴，蓋（ㄍㄜˇ）祿萬鍾。以兄之祿為不義之祿而不食也，以兄之室為不義之室而不居也，辟兄離母，處於於陵。他日歸，則有饋其兄生鵝者，己頻顣（ㄘㄨˋ）曰：『惡用是鶃鶃（ㄧˋ）者為哉？』他日，其母殺是鵝也，與之食之。其兄自外至，曰：『是鶃鶃之肉也！』出而哇之。以母則不食，以妻則食之；以兄之室則弗居，以於陵則居之，是尚為能充其類也乎？若仲子者，蚓而後充其操者也。」

——《孟子．滕文公下》

好行人的橋，十二月再修好通車的橋，老百姓就不會為過河發愁了。你把政治辦好，出行時讓人迴避都可以，怎能一個個幫人過河呢？負責政治的人，如果想討好每一個人，時間就太不夠用了。」

孟子在很多地方都要分辨，什麼思想是有問題的，什麼行為是有偏差的，非常細緻。我們在讀《孟子》一書的時候會發現，難怪別人說他好辯，的確沒有人講得過他，而且他講的道理是對的。

原 子產聽鄭國之政，以其乘輿濟人於溱（ㄓㄣ）、洧（ㄨㄟˇ）。孟子曰：「惠而不知為政。歲十一月，徒杠成；十二月，輿梁成，民未病涉也。君子平其政，行辟人可也，焉得人人而濟之？故為政者，每人而悅之，日亦不足矣。」

——《孟子．離婁下》

【儒家之路】

我在美國讀書的時候，有機會就近了解外國人怎麼看我們的古代思想。作為旁觀者，西方人有時候反而能夠看得比較完整，比較透徹。他們是怎麼說的？很精煉的三句話：墨家最保守，道家最革命，儒家最中庸。

墨家最保守，為什麼？看《墨子》這本書就會發現，墨子強調天志，天有意志；強調明鬼，要把鬼的道理說清楚。他認為上天可以賞善罰惡，這是很古老的自然崇拜。

道家最革命，道家不是順其自然，不爭無為嗎，怎麼會最革命呢？因為道家把天革掉，換成了道。墨家強調天志，道家把天放在一邊，上有天，下有地，叫自然界，這不是很大的革命嗎？沒錯。

儒家最中庸，它承先啟後，把過去周公的思想、禮樂制度設法接過來，發展出仁的思想。由內在產生真誠情感，再用禮從外面進行配合，這樣的話就有源有本，整個社會就可以重新穩定。孔子面對的時代，雖然還沒有孟子時那麼糟糕，但已經是禮壞樂崩，沒有秩序沒有規矩了。那麼為什麼還要行善避惡呢？儒家的祕訣就在這裡，因為人性向善，行善避惡的動力是由內而發的。認識到這一點，以後的禮樂就可以重新找到基礎，得到根據，社會的安定就變成順理成章的事情。所以孟子要正人心，息邪說。

孟子對異端的批判有沒有道理呢？從孟子那裡，我們可以強烈感受到儒家有一種特色，就是為真理而辯。在孔子看來，與其同別人辯論，不如完善自己的思想，好好去宣傳，所以孔子周遊列國，奔走呼號。但是到孟子的時候，如果不理睬那些異端思想，別人會以為那是對的，於是他針鋒相對，予以批判，這就是為真理而辯的態度。

一種學說提出來以後，要讓每個人都聽得懂，每個人都可以實踐。儒家正是這樣。墨家曾經很有影響力，但後來失傳了，為什麼？因為它變得越來越像黑道。墨家的首領叫鉅子，擁有絕對的權威，可以掌握手下人的生死，跟黑手黨教父差不多了。武俠小說裡面好多人物跟墨家有關，但在社會上無法讓每個人都當墨家。至於楊朱，思想比較封閉，一個人年輕力壯的時候可以盡為自己著想，但小時候怎麼辦？邁入老境的時候怎麼辦？所以他的思想很難普遍施用於人的每個生命過程，更難推廣到每個人身上。

第七講

孟子的辯才

孟子好辯、善辯是出名的，為了宣傳儒家思想，維護儒家思想的合理，孟子在辯論方面表現出高超的技巧。

在生活和工作中，有時候為了討論某個計畫或方案，有時候為了捍衛某個原則，也有時候為了爭取實際利益，我們經常看到各種形式的辯論。孟子好辯、善辯是出名的，我們已經領教過他對「異端」的批判。此外，孟子的辯論還表現在哪些方面？有什麼技巧？說服對手之後，實際作用怎麼樣？

言語是孔子弟子四科裡的第二科，很受儒家重視。孔子的學生裡，像宰我、子貢就是言語科的高材生。到孟子的時候，已把言語的藝術發揮得淋漓盡致。為了宣傳儒家思想，維護儒家思想的合理，孟子在辯論方面表現出高超的技巧。

大致說來，孟子的辯論圍繞三方面而展開：

第一，努力開導國君，國君想通了、想對了，老百姓就有福氣，底下事情就好辦。

第二，為自己的行為辯護。很多人認為孟子的某些行為有所偏頗，他必須找理由來充分說明。

第三，原則如何在實際運用中變通，也就是如何「守經達權」。「經」代表常，代表原則，「權」代表變化。

【努力開導國君】

我們可以從以下幾個方面來看：

第一，擅長使用比喻。大家可能聽說過「五十步笑百步」的故事。梁惠王向孟子抱怨：「我照顧百姓，真是用盡心力了。河內發生災荒，就把一些百姓遷到河東，再把河東的部分糧食運到河內。河東發生災荒，依同樣方式來處理。考察鄰國的政務，沒有哪個國君像我這麼用心的，但是鄰國的百姓沒有減少，我的百姓沒有增多，那我不是白做了嗎？這是怎麼回事？」

孟子知道，很多人看事情只從自己的角度來看，缺乏更大的視野。孟子就對他說：「大王喜歡戰爭，我們就拿戰爭作比喻吧。戰鼓咚咚響起，兩軍交戰，刀刃劍鋒相碰之後，就有士兵丟掉盔甲拖著兵器逃跑。有的跑了一百步才停下

原 梁惠王曰：「寡人之於國也，盡心焉耳矣。河內凶，則移其民於河東，移其粟於河內。河東凶亦然。察鄰國之政，無如寡人之用心者。鄰國之民不加少，寡人之民不加多，何也？」

孟子對曰：「王好戰，請以戰喻。填然鼓之，兵刃既接，棄甲曳兵而走。或百步而後止，或五十步而後止。以五十步笑百步，則何如？」

來，有的跑了五十步就停下來。那些跑了五十步的人嘲笑那些跑一百步的，這說得過去嗎？」梁惠王說：「不可以，只不過沒有跑到一百步罷了，同樣是逃跑啊。」孟子接著就說：「大王如果懂得這個道理，就不必抱怨百姓為什麼沒有增加了。」言外之意，你就是那跑了五十步的人啊。別的國家做得不好，等於是跑了一百步，事實上你做的並沒有好到哪裡去，做的壞事稍微少點而已。

第二，以引申的方式說服對方。齊宣王年紀比較輕，很想大有作為。他問孟子：「我能不能做到保護百姓，進而稱王天下呢？」孟子說：「你可以做到。」齊宣王問原因，孟子就說：「我聽一位大臣講過，有一天，大王坐在堂上，有人牽著一頭牛從堂下經過，大王問要把牛牽到哪裡去？那人說要殺了祭鐘。大王說：『放了牠

曰：「不可，直不百步耳，是亦走也。」曰：「王如知此，則無望民之多於鄰國也。」

——《孟子・梁惠王上》

原 曰：「臣聞之胡齕（ㄏㄜˊ）曰，王坐於堂上，有牽牛而過堂下者，王見之，曰：『牛何之？』對

吧，我不忍心看牠恐懼發抖的樣子，好像沒有犯罪就被判了死刑。』那人就問：『難道要廢除祭鐘的典禮嗎？』大王說：『怎麼可以廢除呢？換一隻羊吧。』不知道有沒有這回事？」齊宣王承認了。

在古代，鐘是一種非常重要的禮器，鑄好一口鐘，就要殺一頭牛，用牛血釁鐘，這個鐘才可以用。孟子接著說：「這件事傳出去以後，百姓都以為大王是小氣，因為牛比較貴，羊比較便宜嘛，但我知道大王是不忍心。」聽了孟子的話，齊宣王很開心，他說：「齊國雖然不大，我怎麼會捨不得一頭牛呢？我就是不忍心看牠恐懼發抖的樣子，才用羊來代替啊。」

孟子說：「大王是『見牛未見羊』啊。羊也會發抖，看到羊恐懼發抖，那也放了羊吧。到最後怎麼辦呢？所以不能責怪百姓認為您小氣。」

曰：『將以釁鐘。』王曰：『舍之！吾不忍其觳觫（ㄏㄨˊ ㄙㄨˋ），若無罪而就死地。』對曰：『然則廢釁鐘與？』曰：『何可廢也？以羊易之！』不識有諸？」

曰：「有之。」

曰：「是心足以王矣。百姓皆以王為愛也，臣固知王之不忍也。」

王曰：「然。誠有百姓者。齊國雖褊（ㄅㄧㄢˇ）小，吾何愛一牛？即不忍其觳觫，若無罪而就死地，故以羊易之也。」

……

孟子這樣說，自然是為了有進一步的引申。「百姓在荒野餓死，輾轉在山溝裡，看到之後不是更不忍心嗎？看到一頭牛恐懼發抖不忍心，推到羊，也應該不忍心，何況是人呢？」齊宣王就開始對推行仁政有興趣了。孟子用這種間接的引申的方式，巧妙地向當政者表白自己的觀點。

第三，**告訴國君，要推己及人**。還是齊宣王的例子。他說，「寡人有疾，我有三大毛病，第一，好勇，我喜歡打仗，喜歡征服別的國家。第二，好貨，喜歡財物。第三，好色。」說實在的，我們對齊宣王要表示敬意，古今中外，當到這種領導地位的人很少敢於承認自己的毛病。孔子早就說過：「君子有三戒：少之時，血氣未定，戒之在色；及其壯也，血氣方剛，戒之在鬥，及其老也，血氣既衰，戒之在得。」（《論語・季氏》）齊宣王占全了。孟子這個時候並沒

曰：「無傷也，是乃仁術也，見牛未見羊也，君子之於禽獸也，見其生，不忍見其死；聞其聲，不忍食其肉。是以君子遠庖廚也。」

——《孟子・梁惠王上》

原 王曰：「大哉言矣！寡人有疾，寡人好勇。」

對曰：「王請無好小勇。夫撫劍疾視，曰：『彼惡敢當我哉！』此匹夫之勇，敵一人者也。王請大之！……文王一怒而安天下之民。……武王亦一怒而安天下之民。今王亦一怒而安

有責怪他，人家已經說自己有毛病了，當大夫，就要從醫學的角度給他一些建議。

孟子說：「希望大王不要愛好小勇。手按劍柄，怒目而視，說：他怎敢抵擋我呢！這是匹夫之勇，只能對付一個人。大王應該像周文王和周武王那樣，一發怒，天下的百姓就得到安定。如果大王一發怒就安定了天下的百姓，那麼百姓就會惟恐大王不喜愛勇敢了。」

喜歡財物有什麼關係呢？孟子引用《詩經．大雅．公劉》裡的詩句，說古代周人的首領公劉就喜歡財物，因此出行的人有滿載的乾糧，留守的人有囤積的倉庫。喜歡財物沒有什麼不對，關鍵是要與百姓共同享用。

好色也沒有什麼不對。孟子說，只要設法做到內無怨女，外無曠夫，讓女孩子都有歸宿，男孩子都能結婚，把你的喜好推及於百姓，稱王天

天下之民，民惟恐王之不好勇也。」

——《孟子．梁惠王下》

原 王曰：「寡人有疾，寡人好貨。」

對曰：「昔者公劉好貨……故居者有積倉，行者有裹糧也，然後可以爰方啟行。王如好貨，與百姓同之，於王何有？」

王曰：「寡人有疾，寡

下有什麼困難呢？

第四，重新定義，這也是一種辯論技巧。齊宣王問孟子說：「聽說商湯放逐夏桀，武王討伐商紂，有這些事嗎？」孟子說：「在歷史上是有記載的。」齊宣王說：「臣子殺害他的國君，怎麼可以呢？」孟子撇開齊宣王的思路說：「破壞仁德的人稱為賊害，破壞義行的人稱為殘暴，既殘暴又賊害的人稱為『一夫』。我只聽說殺了個『一夫』叫紂的，沒有聽說殺了國君啊。」商紂違反仁與義，這就等於抹煞了人性的要求。這樣的人不但沒有資格當國君，反而是一個獨夫，把這樣的人趕走是對的。孟子用「一夫」（即今日所謂「獨夫民賊」）這個概念重新定義商紂的身分，用現在的話來講，就是用商紂道德上的不合理來否定他政治上的合法地位，孟子的確聰明。

人好色。」

對曰：「昔者太王好色，愛厥妃。……當是時也，內無怨女，外無曠夫。王如好色，與百姓同之，於王何有？」

——《孟子．梁惠王下》

原 齊宣王問曰：「湯放桀，武王伐紂，有諸？」孟子對曰：「於傳有之。」曰：「臣弒其君，可乎？」曰：「賊仁者謂之賊，賊義者謂之殘。殘賊之人，謂之一夫。聞誅一夫紂矣，未聞弒君也。」

——《孟子．梁惠王下》

【為自己辯護】

孟子自己也會受到質疑，有些弟子就經常觀察老師有什麼缺點。這裡我們以三個故事，來看看孟子怎樣為自己辯護。

第一，不受齊王贈金。孟子離開齊國的時候，齊王送他一百鎰上等金，他沒有要。在宋國，宋君送他七十鎰，他接受了；在薛國，薛君送他五十鎰，他也接受了。那個時候的金是指黃銅，不是今天的黃金，一鎰是二十兩。弟子問：「如果以前不接受是對的，後來接受就是錯的；如果後來接受是對的，以前不接受就是錯的。先生一定有一次是錯的。」孟子怎麼回答呢？他說：「都對。在宋國的時候，我要遠行，對遠行的人照例要送些盤纏。這是人之常情。我在你這裡討論政治，你送我點盤纏，這是國君的風度，

原 陳臻問曰：「前日於齊，王饋兼金一百而不受；於宋，饋七十鎰而受；於薛，饋五十鎰而受。前日之不受是，則今日之受非也；今日之受是，則前日之不受非也。夫子必居一於此矣。」

孟子曰：「皆是也。當在宋也，予將有遠行。行者必以贐，辭曰：『饋贐。』予何為不受？當在薛也。予

所以我接受了。離開薛國的時候，外面打仗，好像很危險，薛君說，送你些錢，可以買些兵器保護好自己，所以我就接受了。至於在齊國的時候，既沒有去遠行，外面也沒什麼危險，他為什麼要送我錢？那是要收買我。哪裡有君子可以用錢收買的呢？」這段話講得理直氣壯。別人送禮的時候，該不該接受要視情況而定，這確實是一種高明的人生智慧。

第二，孟子進退，綽綽有餘。「綽綽有餘」這個成語就來自這裡。有一位齊國的大夫叫蚳鼃（ㄔˊ ㄨㄚ），孟子對蚳鼃說：「你辭去靈丘大夫的職位，請求擔任司法官，似乎是對的，因為可以向齊王進言。可是幾個月過去了，你怎麼還沒進言呢？」後來蚳鼃向齊王進諫，卻沒有被採納，他就辭官走了。於是有人講話了，說孟子為蚳鼃考慮的是不錯，但怎麼為自己考慮，我們就

有戒心，辭曰：『聞戒，故為兵饋之。』予何為不受？若於齊，則未有處也。無處而饋之，是貨之也。焉有君子而可以貨取乎？」

——《孟子．公孫丑下》

原 孟子謂蚳鼃曰：「子之辭靈丘而請士師，似也，為其可以言也。今既數月矣，未可以言與？」

蚳鼃諫於王而不用，致為臣而去。齊人曰：「所以為蚳鼃則善矣，所以自為則吾不知也。」

公都子以告。曰：「吾

不知道了。孟子聽了之後說：「我聽說過，有固定官位的人，無法行使職權就該離去；有進言責任的人，無法以言進諫就該離去。我既沒有固定官位，也沒有進言責任，那麼我要進要退不是寬綽而大有餘地嗎？」

第三，合乎正道的事就可以做。彭更問孟子：「跟在您後面的車子幾十輛，隨從的人員幾百位，『傳食於諸侯』，從這一國招待吃喝到那一國，不是太過分了嗎？」孟子說：「如果不合乎正道，一竹碗飯也不能接受；如果合乎正道，舜接受堯的天下，都不過分。難道你認為他過分嗎？」彭更說：「舜接受堯的天下，是不過分的，但讀書人不做事就有飯吃，還是不應該。」

孟子說：「如果懂得流通交換，木匠、車工都能在你這裡得到飯吃。有這麼一個人，在家孝順父母，出外尊敬長輩，維護先王的正道，讓後

聞之也，有官守者，不得其職則去；有言責者，不得其言則去。我無官守，我無言責也，則吾進退，豈不綽綽然有餘裕哉？」

——《孟子．公孫丑下》

原 彭更問曰：「後車數十乘，從者數百人，以傳食於諸侯，不以泰乎？」

孟子曰：「非其道，則一簞食不可受於人；如其道，則舜受堯之天下，不以為泰。子以為泰乎？」

曰：「否！士無事而食，不可也。」

曰：「子不通功易事，以羨補不足，則農有餘粟，女有餘布。子如通之，則梓

代學者有所遵循，在你這裡卻得不到飯吃。你為什麼看重木匠、車工，卻輕視講求仁義的人呢？」彭更就從動機上來分析：「木匠和車工本來就是為了找口飯吃，讀書人是為了追求理想。」孟子反問：「假如有個人在這裡打碎屋瓦，又在牆壁上亂塗亂抹，他的動機是找口飯吃，那麼你會給他飯吃嗎？」彭更說不會。孟子就說：「你這不是根據動機，而是根據功績來給人飯吃。」

這段辯論相當精采。社會上各行各業分工合作，都有貢獻。動機是個人要負責的，功績則依社會評價而定。在孟子看來，治國平天下的功績無與倫比，再好的待遇也不為過，至於動機則不足與平凡之人多談了。

匠輪輿，皆得食於子。於此有人焉，入則孝，出則弟，守先王之道，以待後之學者，而不得食於子。子何尊梓匠輪輿而輕仁義哉？」

曰：「梓匠輪輿，其志將以求食也；君子之為道也，其志亦將以求食與？」

曰：「子何以其志為哉？其有功於子，可食而食之矣。且子食志乎？食功乎？」

曰：「食志。」

曰：「有人於此，毀瓦畫墁，其志將以求食也，則子食之乎？」

曰：「否。」

曰：「然則子非食志也，食功也。」

——《孟子．滕文公下》

【原則與變通】

許多事情發生的時候，一方面要了解有什麼具體規定，另一方面要作合理的判斷。即使堅持原則，也要考慮具體情況採取權宜措施。孟子在這方面表現了出色的智慧。

這裡也有幾個故事。

有個人叫淳于髡（ㄎㄨㄣ），他問孟子：「男女之間不親手遞接東西，這是禮制的規定吧？」古代講男女授受不親，例如說我這個錶，要交給一位女士，我不能直接給她，必須放在桌上或哪裡，請她自己拿。這是古代的規矩。因為直接給她的話，碰到手怎麼辦？淳于髡提出的問題是：「如果嫂嫂掉進水裡，我能用手拉她嗎？」孟子說：「如果不拉就是豺狼啊，太狠心了。男女之間不親手遞接東西，是禮制的規定。嫂嫂掉進水

原 淳于髡曰：「男女授受不親，禮與？」孟子曰：「禮也。」曰：「嫂溺，則援之以手乎？」曰：「嫂溺不援，是豺狼也。男女授受不親，禮也。嫂溺，援之以手者，權也。」

曰：「今天下溺矣，夫

裡，用手去拉她，是『權』，就是變通的做法。」其實，現代生活中也可能有這樣的現象。例如一個年輕男子走在街上，旁邊有個不相識的漂亮小姐。他突然拉她一把，女孩子一定認為這個人太過分。但接著後面一輛車開過去，原來他是救我，這樣的話，她絕對不會怪他什麼性騷擾之類。當然，要不是這類原因，無故去拉一個女孩，那就有問題了。

屋盧子是孟子的學生，任國有個人問他：「禮儀與吃飯哪一樣重要？禮儀與娶妻哪一樣重要？」他回答說：「禮儀重要。」那人接著問：「按照禮儀找飯吃，就會餓死；不按照禮儀找飯吃，卻可以吃飽，那麼還一定要按照禮儀嗎？遵守親迎禮，就娶不到妻子；反過來，卻可以娶到，那麼還一定要遵守親迎禮嗎？」類似的例子是有的。我們之前說過，舜就是這種情況，舜如

子之不援，何也？」曰：「天下溺，援之以道。嫂溺，援之以手。子欲手援天下乎？」

——《孟子・離婁上》

原 任人有問屋盧子曰：「禮與食孰重？」曰：「禮重。」「色與禮孰重？」曰：「禮重。」曰：「以禮食，則飢而死；不以禮食，則得食，必以禮乎？親迎，則不得妻；不親迎，則得妻，必親迎乎？」屋盧子不

果向父母報告，說堯把兩個女兒嫁給他，父母肯定反對。

這似乎是個兩難的問題，屋廬子不知道怎麼回答，就回鄒國去請教孟子。

孟子說：「這個問題有什麼困難呢？不去衡量基礎的高低，只比較雙方的末端，那麼一寸長的木塊也可以比尖頂高樓更高。再說，金子比羽毛重，難道是說三錢多的金子比滿滿一車的羽毛更重嗎？你現在拿吃飯或婚姻的重要部分跟禮儀的細節來比的話，當然是吃飯或婚姻重要。」

孟子進一步假設：「扭住哥哥的手臂搶走他的食物，就有飯吃；如果不扭住，就沒有飯吃，那麼該去扭嗎？當然不該扭，要遵守長幼有序的規矩啊。翻過東鄰的牆，去摟抱人家的閨女，就可以得到妻子；反過來，就得不到，那麼該去摟抱嗎？當然不行啊。」孟子提醒我們，在守經達

能對。明日之鄒，以告孟子。

孟子曰：「於答是也，何有？不揣其本而齊其末，方寸之木可使高於岑樓。金重於羽者，豈謂一鉤金與一輿羽之謂哉？取食之重者與禮之輕者而比之，奚翅食重？取色之重者與禮之輕者而比之，奚翅色重？往應之曰：『紾（ㄓㄣˇ）兄之臂而奪之食，則得食；不紾，則不得食，則將紾之乎？踰（ㄩˊ）東家牆而摟其處子，則得妻；不摟，則不得妻，則將摟之乎？』」

——《孟子．告子下》

權的時候，要懂得辨別輕重，才能作合理的判斷。

這一類考驗變通的例子還有不少。有個傳說，孔子和弟子困在陳蔡之間的時候，有一天，子路從外面弄了一隻燒豬回來，大家都不知道他是騙的、搶的還是偷的。孔子沒有問就吃了。很多人就奇怪，先生怎麼不問燒豬是怎麼來的呢？其實沒有什麼好問的，先填飽肚子保命要緊。如果不對，以後可以設法還人家錢，可以有機會補救。如果為了守禮，非要追問這頭豬的來歷，不合禮我就不吃，最後餓死了，不是太可惜了嗎？

儒家思想經常提到守規矩，那是在一般情況下，當特殊情況發生的時候，就要看怎麼變通。孟子說：「君子不可虛拘。」（〈盡心上〉），虛是虛的條文，拘就是拘束，君子不能隨便被幾個條文限制住，變得束手束腳。

《史記・孔子世家》中記載著一個故事。孔子外出經過蒲國，恰逢公叔氏在這裡起事，與衛國為敵。蒲人也許是擔心他們會幫衛國吧？強迫孔子訂下不去衛國的盟約，才放他們出城。但出城之後，孔子立刻到衛國去了。弟子問他為什麼不遵守盟約？孔子說：「被迫訂的盟約，是城下之盟，連神也不會遵守的。」孔子這樣做，不是沒有原則，而是智慧的表現。在《論語》的〈微子〉篇裡，孔子也說過，他跟伯夷、叔齊、柳下惠這些「逸民」不一樣，他是「無可無不可」，不會一定要怎麼做，也不會一定要不怎麼做，而是該怎麼做就怎麼做。其實就是變通，要因地制宜，因時制宜。我們後面會講到孟子對孔子的稱讚，說他是「聖之時者也」（〈萬章下〉），就是懂得根據時機來判斷，保持頭腦靈活。絕不是說一旦接受儒家，就變成教條派，一切束手束腳，沒有任何變通。

孟子與人家辯論，有沒有效果呢？跟他談話的那些國君，如梁惠王、齊宣王、滕文公、鄒穆公等人，都覺得他說的有道理，佩服他的大臣就更多了。不過，他的意見和觀點卻難以真的為當政者採納，落實到現實政治層面。相反，倒是那些縱橫家、兵家、法家，對戰國時代的政治格局影響更大。為什麼？我們可以簡單分析一下。

首先，孟子的中心觀點是仁政，而且要從經濟政策入手。這就意味著，要推行仁政，諸侯必須削減和控制自己的享受、特權和欲望。這實在不太可能。

其次，孟子不是某一國的策士或謀士，並不負責在具體事務上為君主出謀劃策，往往是曉以大義，從長遠著眼，從大處著眼。在實際的政治操作中，國君往往更需要立竿見影的效果，孟子的觀點既需要時間去了解，得到效果的速度也很慢。也就是說，孟子的觀點雖然有道理，卻不免過於高遠。所謂「仁者無敵」，並沒有人敢做試驗。在成為「仁者」之前，說不定已經被人家消滅了。

孟子的論政效果不彰，但儒家的人性論及相關思想卻透過他的言論呈現出來。我們學習孟子的時候，不能只看他表面的言辭，一定要問問背後有什麼根據，他為什麼會有那麼大的信心。如果對儒家的人性論缺乏了解，學孟子就等於沒有根源。但是人性論是個複雜的問題，人性是什麼？人有千奇百怪的表現，為什麼有人做好人有人做壞人？為什麼同一個人可以做好事，也可以做壞事？如果講性善，為什麼社會上有很多壞事情？只有把這個道理說清楚，儒家思想才能夠傳之久遠。

第八講

性善有說法

孟子後來提出「性善說」，是指人性本善嗎？
如果這個說法成立，人為什麼會做壞事呢？

性善之說，是儒家的招牌。但是如果從《論語》裡面找資料，孔子只說過一句話，「性相近也，習相遠也」（《論語・陽貨》）。他並沒有說性是善還是惡，只說人性是相近的，後天的環境和習染使之形成很大的差異。這是非常客觀的經驗。孟子後來提出「性善說」，是指人性本善嗎？如果這個說法成立，人為什麼會做壞事呢？

【人和動物的差別】

我們在前面提到過，孟子認為人跟禽獸的差異只有很少的一點點。人和禽獸，從身體結構來看是很相似的，但是為什麼人類成為萬物之靈，可以建構如此豐富燦爛的文化成果，並且一直在往前開展之中？為什麼這一點點差別，導致的結果卻是千差萬別呢？這也是我們要思考的問題。

孟子接著說，這一點點差別，一般人把它去

原　孟子曰：「人之所以異於禽獸者幾希，庶民去之，君子存之。舜明於庶物，察於人倫，由仁義行，非行仁義也。」

——《孟子・離婁下》

掉，君子把它保存下來。那麼，根據孟子的邏輯，去掉了這一點點差別的一般人，不是跟禽獸一樣嗎？孟子真的是這樣認為啊！孟子還說：「飽食煖衣，逸居而無教，則近於禽獸。」（〈滕文公上〉）說明人跟禽獸的這一點點差別，要靠教育才能得到保存和發展。這是我們在第二講中講過的。

孟子又提到了舜，說舜這個人了解事物的常態，懂得人倫的道理，他是順著仁義的要求去行動的，而不是刻意去做仁義的行為。

什麼意思呢？這說明人性是一種內在的力量，仁義是你內在發出來的，絕不是外面加在你身上的，你要順著它去做，而不是說我今天學了仁義再故意去做。

但是內在怎麼發出來呢？

孟子另外有一段話，也以舜作為例子。他說

原

孟子曰：「舜之居深山

舜年輕的時候住在深山裡面，就與樹木和石頭作伴，跟野鹿山豬遊玩，他和深山裡百姓的差別只有很少的一點點（前面提到人跟禽獸差別一點點，這裡又提到舜跟深山裡的老百姓差別也是很少一點點）。直到他聽了一句善的言論，看到一件善的行為，內心裡面學習和仿效的意願就跟江河決了堤一樣，「沛然莫之能禦」，澎湃之勢無可抵擋。看到一件善的行為，聽到一句善的言論，這叫作經驗事實；之後內心產生一種對善的嚮往，便形成一種力量。舜順著這個力量一輩子不斷做下去，終於成為一個偉大的聖人。這是孟子的解釋。由此我們知道，任何人都不是生下來本善的，舜最特別的地方，是他比所有人都更真誠，於是他內心向善的力量就更大。

孟子還特別說，一個人了解什麼叫善，才能夠真誠地對待自己。因為人類是萬物之靈，可以

之中，與木石居，與鹿豕遊。其所以異於深山之野人者幾希。及其聞一善言，見一善行，若決江河。沛然莫之能禦也。」

——《孟子．盡心上》

原 誠身有道，不明乎善，不誠其身矣。是故誠者，天

思考，可以判斷，可以衡量，可以選擇，因此，人是所有動物中唯一可能不真誠的。一個人了解了善，在作選擇的時候就要問：「我真誠嗎？雖然我不真誠可能有利益，真誠的話可能很辛苦，但是真誠才符合我是一個人的要求啊。」

人類之外的萬物，例如貓、狗、牛、羊，生下來是什麼就是什麼。一隻貓再怎麼培養頂多變成胖貓，不會變成老虎；而對一個人的培養，不是要他變成胖人，而是要他變成好人，變成對國家有用的人才。所以人跟動物不一樣，動物再怎麼培養頂多變得形體比較大而已，人可以培養成為「大人」。孟子說：「養其小者為小人，養其大者為大人。」「小者」就是身體，我每天吃喝玩樂，即使很胖也還是「小人」，因為我的心智並沒有成長；相反，如果我的心是向善的，我每天去行善，就能成為「大人」。大人，就是德行

之道也；思誠者，人之道也。至誠而不動者，未之有也。不誠，未有能動者也。

——《孟子．離婁上》

原 孟子曰：「人之於身也，兼所愛。兼所愛，則兼所養也。無尺寸之膚不愛焉，則無尺寸之膚不養也。所以考其善不善者，豈有他哉？於己取之而已矣。體有貴賤，有小大。無以小害大，無以賤害貴。養其小者為小人，養其大者為大人。」

——《孟子．告子上》

完備的人。所以，人的大小不是看形體，而是看他發展的是不是人的本質所在。人跟禽獸的差別在於人有心。心，是人類作為萬物之靈長的關鍵所在。

怎麼了解人的心呢？

【善的發端】

孟子無法直接證明人的心是怎麼一回事，他就舉例子，讓我們自己去體會。他說：「現在我們看到一個孩子快要掉到水井裡，都會有驚恐憐憫的心；我們不是想藉此和小孩的父母攀結交情，不是想在鄉里朋友之間博取名聲，也不是因為不喜歡聽到小孩的哭叫聲才這樣的。」孟子接著提出四點推論：「沒有惻隱心、憐憫心的不是人，沒有羞恥心的不是人，沒有謙讓心的不是人，沒有是非心的不是人。」

我們聽著會很刺耳，怎麼說別人不是人呢？所以要理解得更完整一點。如果你坐在車上，座位前面站著一位老太太在那兒搖搖晃晃的，你還不讓座，孟子看見了就會說：「你沒有憐憫心，你不是人。」你聽了會很生氣，質問他：「你幹

原 今人乍見孺子將入於井，皆有怵惕惻隱之心；非所以內交於孺子之父母也，非所以要譽於鄉黨朋友也，非惡其聲而然也。由是觀之，無惻隱之心，非人也；無羞惡之心，非人也；無辭讓之心，非人也；無是非之心，非人也。惻隱之心，仁之端也；羞惡之心，義之端也；辭讓之心，禮之端也；是非之心，智之端也。人之有是四端也，猶其有四體也。

——《孟子．公孫丑上》

嘛罵人？」他會說：「恭喜你，你又變成人了。」為什麼？因為你有羞恥心，被別人罵你很生氣，那說明你還有希望。最怕怎麼樣？你罵我不是人，那我就不是人。那就完了，就沒有希望了。所以我們要了解孟子的意思，他說的完全沒有憐憫心的人很少見啊！我們不是要求每個人都像林黛玉一樣，花落了都難過，還要葬花，大家每天傷春悲秋那還得了，日子怎麼過呢？但至少認識的人出了事，你會難過，這是很正常的表現。

「惻隱之心」，「羞惡之心」，「辭讓之心」，「是非之心」，孟子把這四種心稱作「四端」，心的四個開端。由這四個開端做出來，才有仁義禮智這四種善。孟子接著說：「人的心有這四端，就像有手腳四肢一樣。」換句話說，孟子強調人的善的行為不是由外而來，而是由內而發，是感受到外在情況後內心裡面的直接反應，這個反應促使人行善。

只要真誠，心就發出力量，讓你去做該做的事。

【善在人性之中嗎？】

孟子有一位辯論對手，叫告子。

我們對告子這個人真是有些意見，因為他講過一句話，就是「食色性也」四個字，是《孟子‧告子》裡面的話，卻經常被誤會是孔子說的。這實在很冤枉，他們在時間上差了一百多年。

二十幾年前我在美國讀書的時候，星期六下午我常常去逛書店。有一次到一家書店門口，看到賣很多小卡片，其中居然寫著一句話，當然是英文寫的，「Confucius said, "Eating and sex are human nature"」，這樣來翻譯子曰：「食色性也」。當時我看了很生氣，心想外國人也誤會孔子。

當然，「食色性也」並不是錯的，但這樣講人性是不夠的，那個叫動物性。人有動物性，但除了動物性，還有屬於人的特別性質，就是孟子說的人跟禽獸的那一點點差別，那個「一點點」就不是食色了。

告子主張「食色性也」，孟子說這是不夠的，你不能從這裡看出人跟動物的差別，怎麼能說它是人之性呢？

告子口才也很好，他跟孟子辯論，他說：「人性就像湍急的水，在東邊開個缺口就向東流，在西邊開個缺口就向西流。人性沒有善與不善的區分，就像水沒有向東與向西的區分。」

這種說法東西方都有。在西方，把人性比作一張白紙；我們也說，「染於蒼則蒼，染於黃則黃」。有人把中國文化說成醬缸，就是從這兒來的。這種說法對嗎？

孟子說：「水確實沒有向東與向西的區分，難道也沒有向上與向下的區分嗎？水沒有不向下流的，人沒有不向善走的。」這句話是關鍵，意思是說，人性之於善就像水對於下，所以人沒有不善的，水沒有不向下的。

我們聽這話不能只聽上面那一半，說人沒有不善就是人性本善。那是比喻。下是水的向，而不是水的性；同樣，善是力量，而不是本質，本質是靜態的，力量是動態的。孟子特別喜歡用動

原 告子曰：「性猶湍水也，決諸東方則東流，決諸西方則西流。人性之無分於善不善也，猶水之無分於東西也。」

孟子曰：「水信無分於東西，無分於上下乎？人性之善也，猶水之就下也。人無有不善，水無有不下。」

——《孟子・告子上》

原 凡有四端於我者，知皆

態的方式來描寫人性，像柴火開始燒，泉水開始流；他說人民歸向仁政，像野獸奔向曠野。這三個比喻都有一個「向」字，它是動態的。

真的了解了這個關鍵之後，就會發現古今中外所有談人性的，沒有比儒家這個說法更準確、更精采的。為什麼？因為我們了解萬物，首先要作本質上的定義，才能建構知識。例如我們說什麼是太陽，什麼是月亮，定義好了之後才能說太陽如何、月亮如何。只有人例外，因為人的本質並不是某種固定的東西，如果有的話，也不是所謂的善和惡。所以說人性本善等於沒說，因為每一個人都善，「善」這個字就失去了評價的作用。就好像西方基督徒說人有原罪，這不是哲學的說法，而是宗教信仰。你不能問他，你怎麼知道人有原罪？他相信有就有。佛教講緣起性空，性是空的，別人也不會質疑你。但儒家是哲學，

擴而充之矣，若火之始然，泉之始達。

——《孟子．公孫丑上》

原 民之歸仁也，猶水之就下、獸之走壙也。

——《孟子．離婁上》

不是宗教的教義，哲學是對人生經驗作全面的反省，所以一定要符合經驗。

宇宙萬物裡面只有人才有行善避惡的要求，因此善跟人性必有某種關聯。我們為什麼不要求貓和狗行善？再怎麼訓練也沒有用，狗怎麼可能選擇要不要做善事呢？人類到任何社會都有對善惡的分辨和要求，都是要行善避惡。

如果按照西方科學家或哲學家的看法，說不應該講人性具有善和惡的取向，變成善惡是社會的要求，那就麻煩了。那樣的話，我就只在別人面前行善避惡，別人看不到我就不要行善避惡。這樣人格不是分裂了嗎？這個問題只有儒家可以解決，否則只好信仰宗教，上帝無所不在，無所不知，你好好行善，倒不至於人格分裂了。

儒家讓我們真誠，《中庸》第十六章提到要注意鬼神，為什麼？儒家不是拿鬼神來嚇人，而是讓我們知道鬼神無所不在、無所不知，以這個方式提醒我們不能自欺欺人。

孟子對人性的認識可以說是儒家正統的理解。

他提到一座山，叫作牛山，在齊國附近。山上本來長著很多花草樹木，但是因為靠近大城市，很多人把樹木砍光了，緊跟著在山上放牛牧羊，這座山於是變成禿山了。大家看見那光禿禿的樣子，就以為它不曾長過成材的大樹，這難道是山的本性嗎？照孟子看來，到底什麼是山的本性呢？山的本性是「能夠」長出花草樹木，它是一種力量。白天下著雨，早上有露珠，新芽又發出來了。只要給它機會，它將來又會成為一座花木茂盛的山。人的本性是什麼？是「能夠」行善避惡，因為人性向善。再怎麼壞的人，都不是生下來就壞的，他可能受環境影響，可能因為教育失敗，可能因為觀念錯誤，到最後走偏了，這樣一路下去；但是你給他機會，說不定他在清晨觸及了清明之氣，這時在他心中所引發的好惡跟一般人也有點接近了。

孟子把早上剛起來時的那種氣叫作「夜氣」。夜氣為什麼比較好呢？因為睡覺的時候跟社會隔絕了，進入自己的生命裡面，這個時候恢復到原始的狀態，比較像嬰兒剛出生的階段，會有一點善念。孟子講牛山之木的比喻，很清楚地

原 孟子曰：「牛山之木嘗美矣，以其郊於大國也，斧斤伐之，可以為美乎？……牛羊又從而牧之，是以若彼濯濯也。人見其濯濯也，以為未嘗有材焉，此豈山之性也哉？雖存乎人者，豈無仁義之心哉？其所以放其良心者，亦猶斧斤之於木也，旦旦而伐之，可以為美乎？其日夜之所息，平旦之氣，其好惡與人相近也者幾希，則其旦晝之所為，有梏亡之矣。梏之反覆，則其夜氣不足以存；夜氣不足以存，則其違禽獸不遠矣。人見其禽

告訴我們，人的生命的特色在於真誠帶來力量。這力量稱作「向」。

孟子有個學生叫公都子，到處去打聽人性論，最後對孟子說：「人性論一般有三種講法：第一種，說人性沒有善也沒有不善；第二種，說人性可以為善也可以為不善；第三種，說有些人生下來就是善的，有些人生下來就是不善的。您說的是『性善』，難道別人都錯了嗎？」孟子怎麼回答？他說：「順著人性的真實情況，就可以做到善，這便是我所謂的性善。至於有人做出不善的事，那不是他天生的資質有什麼問題，而是別有原因。」

獸也，而以為未嘗有才焉者，是豈人之情也哉？故苟得其養，無物不長；苟失其養，無物不消。」

——《孟子．告子上》

原 公都子曰：「告子曰：『性無善無不善也。』或曰：『性可以為善，可以為不善。是故文、武興，則民好善；幽、厲興，則民好暴。』或曰：『有性善，有性不善。是故以堯為君而有象，以瞽瞍為父而有舜，以紂為兄之子且以為君，而有微子啟、王子比干。』今曰『性善』，然則彼皆非歟？」

孟子曰：「乃若其情，則可以為善矣，乃所謂善也。若夫為不善，非才之罪也。」

——《孟子．告子上》

【惡是怎麼來的？】

接著要回答另外一個問題了：惡是怎麼來的？

西方人認為，惡是幻覺，是缺乏，該做的沒做。孟子作為哲學家，也要回答這個問題。孟子認為，惡，有以下幾個來源：

第一個，不明人倫，沒有恆產，又有壞的領導人造成不好的社會風氣。孟子一再強調，一個人沒有受到好的教育，不明白人倫的道理，就接近於禽獸，他不知道這是錯的，就犯錯了；一個人沒有恆產，很難有恆心。衣食足然後知榮辱，對於絕大多數人來說，沒有固定的產業，怎麼能有堅定的心志呢？還有，在上位的人不可以把他的邪惡、罪惡散布給大眾。孟子說只有仁德者才能夠在高位，「不仁而在高位」，是「播其惡於

原 是以惟仁者宜在高位。不仁而在高位，是播其惡於眾也。

眾也」。這最可怕。假如我身居高位，卻做了很多壞事，經過媒體宣傳出來，老百姓都認為可以騙就騙了，這個社會怎麼辦啊！

接著就要特別談到外在的環境，孟子很強調外在環境會帶來惡的結果。

他以流水為比喻，用手撥水讓它飛濺起來，可以高過額頭；把水擋住讓它倒流，可以引上高山。這不是水的本性啊！水本來向下流，但你用外在的形勢、外在的力量，卻可以讓它逆流。一個人做壞事也是一樣，他從小受到很多偏差觀念的引導，看到很多不良的示範，而他自己以為這樣可能比較有利吧？就做壞事去了。所以我們不能否認外在環境可以對人產生重大的影響。孟子還說過，豐年時，年輕人大多懶惰；荒年時，年輕人大多凶暴，這不是生下來有什麼差別，而是後天環境使他們的心陷溺在某種情況下造成的。

——《孟子・離婁上》

原 今夫水，搏而躍之，可使過顙；激而行之，可使在山。是豈水之性哉？其勢則然也。人之可使為不善，其性亦猶是也。

——《孟子・告子上》

這是第二點，說明環境對人的影響。

還有第三點。孟子認為，我們的耳朵和眼睛不會思考，能思考的是心。感官接觸外物容易受到引誘，眼睛喜歡看，耳朵喜歡聽，久而久之就跟著別人學，到最後發現錯了。人的心為什麼有差別呢？因為心可以思考，因而就可以判斷，我這樣去看、這樣去聽，這一切是好的嗎，是應該追求的嗎？如果不用心去思考，只看到外面有現實的物質享受就跟著走了，那跟動物有什麼差別呢？所以孟子說：「心一思考就知道該怎麼做，不思考就不知道該怎麼做。這個思的能力是天給我們的。」

孟子常常提到天，正統的儒家一定不能離開天的觀念。前幾講提過，孟子說「人人有貴於己者」，每個人身上都有非常可貴的部分，就是心。這顆心太重要了，孟子叫它「天爵」，好比

原 耳目之官不思，而蔽於物。物交物，則引之而已矣。心之官則思，思則得之，不思則不得也。此天之所與我者。先立乎其大者，則其小者不能奪也。此為大人而已矣。

——《孟子．告子上》

是上天給我們的最尊貴的爵位。孟子為什麼強調「天爵」呢？「人之所貴者，非良貴也。趙孟之所貴，趙孟能賤之。」（〈告子上〉）別人給你的貴，不是真正的貴，這樣的貴賤不由你掌控。最可寶貴的，可以由自己把握的，是我們的心。

所以人生該怎麼走，最主要的是把握住這顆心。這顆心把握住了，生命大致上就沒有什麼問題了。孟子說「養心莫善於寡欲」，養心最好的方法就是減少欲望。什麼都要的話，到最後生命就分裂了。

【孟子沒有說過「性本善」】

很多人把孟子的性善論說成是「性本善」。事實上，「性善」這兩個字在《孟子》裡面出現過兩次。一次是剛才講過的，公都子請教孟子說：「別人說的都錯，只有你說的性善對嗎？」另外一次在〈滕文公上〉中，是「孟子道性善，言必稱堯舜」這句話。

但是，這兩處說的都是「性善」，並沒有說是「本善」還是「向善」，如果講成「本善」，合理嗎？《孟子》中有一個詞叫「本心」，如果「本善」是對的，「本心」兩個字最適合了。但是孟子說得很清楚，如果價值觀顛倒錯亂，叫作「失其本心」。會失去的話就絕對不是某種本質，否則一旦失去就不是人了，還怎麼恢復呢？

孟子談到這個問題的時候，講過幾句話，使我們想到《禮記・檀弓》裡著名的「不食嗟來之食」的故事。當時是亂世，很多人窮得沒飯吃，快餓死了。有個叫黔敖的人，就煮了一鍋粥在路邊，施捨給飢餓的路人。有個人大概是自尊心比較強，怕別人認出來，用袖子蒙著臉，慢慢走過來。黔敖對他喊：「嗟，來食。」這個人把手放下來說：「我就是不吃嗟來之食才餓到今天這個地步的。」黔敖立刻道歉，說：「現在請你來喝粥吧。」他說：「不行，你已經侮辱我了。」這個人就這樣不吃東西死掉了。

這樣的人很特別，他的表現提示我們，每個人心中都有某種尊嚴是不容侮辱的。這實在是令人讚嘆。但是換一個環境呢？別人沒有說「嗟，來食」，而是給你富給你貴，結果卻使你心甘情願去做那些不該做的事。這也叫「失其本心」啊！

《孟子》裡還有一個很有名的寓言，齊國有個人，每天出門一定吃得飽飽的、喝得醉醺醺的才回家。太太問他和誰吃喝了，他就說都是些有錢有勢的人。但是他家裡面從來沒有顯貴的人去過。太太覺得奇怪，有一次就跟在他後面偷看，才知道他原來是到東門外的墓地，向祭掃墳墓的人討些剩餘的酒菜吃。孟子說，在社會上追求榮

原 齊人有一妻一妾而處室者。其良人出，則必饜（一ㄢˋ）酒肉而後反。其妻問所與飲食者，則盡富貴也。

蚤起，施（一ˊ）從良人之所之，遍國中無與立談者。卒之東郭墦閒，之祭者，乞其餘；不足，又顧而之他，此其為饜足之道也。

——《孟子．離婁下》

華富貴的人，有幾個不像這個齊國人呢？這樣的人，都是失掉本心的人。

我們的心為什麼會遺失呢？因為不真誠。我們可以想想看，是不是有一段時間都生活在表面上，送往迎來，客客氣氣的，卻很少有真誠的心意？只有真誠，才會有內在的力量。整個儒家思想就是在探討怎麼樣把外在拉到內在，從被動變成主動，使人真正有力量由內而發。

具體應該怎麼樣做呢？例如可以先分辨人跟禽獸的那一點點差別，從這一點點入手，在孟子來說是「向善」。善是行為，需要我們做出來才算善。同時要明白惡是怎麼來的，再努力用教育化解這些困難，讓社會風氣慢慢改善。

我們把孟子這樣的思想稱作人性向善論：向就是力量，真誠就有力量；善就是實現我跟別人之間適當的關係。

《孟子》書中首先出現「良知」、「良能」四個字，今天還在用「良知」這個詞。但是良知是善嗎？良知如果是善的話，每個人都有良知，每個人都是善的了。孟子並沒有說過良知是善，他說的是有良知你才會行善。這點很重要，否則就變成宋朝學者、明朝學者一路下來認為的那樣，良知就是善，於是滿街都是聖人。這種話說出來太荒謬了。

有人問，為什麼不說人性向惡呢？我們舉個例子就可以說清楚了。晚上睡覺的時候檢討自己，今天過去了，我沒有孝順父母，沒有尊敬師長，沒有友愛朋友，於是心裡很不安。這是第一種情況；第二種情況，晚上睡覺的時候自我反省，我今天沒有打人罵人，沒有殺人放火，沒有欺騙別人，於是心裡很不安。第一種叫作向善，他因為沒做到善而心裡不安；第二種叫作向惡，他因為沒做到壞事心裡不安。有第二種人嗎？有，就是黑道上的壞人。但是他已經偏差了，就不是正常的情況了。正常情況下都是向善的，所以人性向惡的說法不能成立。

我們作個簡單總結。孟子沒有說過人性本善，西方兩千六百多年的哲學史上也沒有一個哲學家說人性本善。這是因為人性本善不能成立。為什麼不能成立？因為「本」這個字很難定義。如果把「本」說成「生下來就具備」，那就犯了西方所謂自然主義的謬誤，因為這把人生下來自

原 人之所不學而能者，其良能也；所不慮而知者，其良知也。

——《孟子・盡心上》

然的情況加上道德價值，這是矛盾的事情。當然，如果說原罪代表性惡，那是宗教信仰，不用爭論。善具有評價的作用，意味著別人沒做到而你做到了。否則每個人都善，沒有人是惡的，或者只有狗才是惡的，可是，人和狗去比有什麼意思呢？

善，表現為適當的行為；但是外在所做的一定要配合內心真誠的意願和力量，才能叫作行善。否則只是表面做一些好事讓別人稱讚，自己沒有真誠的心，做個樣子而已。

在孔子的時代已經有很多人被稱為「善人」了。子貢曾經請教孔子：「如果有一個人，全鄉的人都喜歡他，先生覺得怎麼樣？」孔子說：「這個不見得好。」子貢又反過來問：「如果有一個人，全鄉的人都討厭他，那您說怎麼樣呢？」孔子說：「這個當然更不好。最好是讓全

原 子貢問曰：「鄉人皆好之，何如？」子曰：「未可也。」

「鄉人皆惡之，何如？」子曰：「未可也。不如鄉人之善者好之，其不善者惡之。」

——《論語・子路》

鄉的善人喜歡他，讓全鄉的惡人討厭他，那就對了。」這段對話說明古今中外任何一個社會，總有些人在做好事，有些人在做壞事。但是，既然有了「善人」，孔子為什麼還要提仁者呢？仁者跟善人有什麼區別呢？

第一，善人只是做好事，讓大家稱讚；仁者卻知道為什麼要做好事，真誠由內而發，主動要求去做好事。

第二，善人絕不會為善犧牲生命；仁者卻可以殺身成仁。因為他懂得人性向善，他知道為什麼要行善，知道行善不是犧牲，反而是最後的成全。

孔子提到仁者跟一般的善人的分別就在這裡。而儒家思想發展到孟子，就把仁者內心的根據，即心的四端找出來，構成一個圓滿的系統。這是孟子的偉大之處。

一般人對儒家不見得有這樣的了解，只知道儒家喜歡講仁義、講孝順、講誠實、講信用這些。如果僅僅如此，儒家是沒有什麼力量的。把所有好聽的名稱統統集在一起，說儒家這樣說那樣說，首先就過不了莊子這一關。

莊子最討厭儒家的一點是什麼？虛偽。就是你講仁義，內心卻沒有真誠的力量。真正的儒家絕對可以避免莊子這樣的批評。因為真正的儒家是以真誠為主的，如果不真誠，連做人都做不到，談什麼儒家呢？只是做戲、作秀而已。

西方很多學者也在研究人性，但他們對於人性的看法比我們更落實到實際的生活經驗，並且受到宗教思想的影響，所以他們看到人的生物性特徵比較多。而儒家則有一整套完整的人性觀念，先告訴我們人性向善，再告訴我們如何擇善固執，最後的目標是止於至善。

第九講　人生的快樂

作為一個人，有內在的尊嚴與內在的價值。把它發揚出來的話，這一生就走在正路上，快樂也會源源不絕。

儒家有一套很好的哲學。例如孔子，表面上一生都不得意，至少在做官的五年之外沒有什麼特別順利的事，但他樂在其中；他的學生顏淵也一樣，身處亂世，生活相當貧困，但不改其樂。快樂真是一種特別的東西。

孟子也一樣，他要設法說明，人生的快樂究竟是怎麼一回事。

什麼是哲學？我們面對各種複雜的生活經驗，要作深刻的反省，設法知道什麼是人生正確的路，然後規劃未來的方向，把過去、現在、未來連在一起，才能說這個思想是一以貫之，才能稱其為哲學。如果不能告訴你怎麼樣可以活得更有意義並且快樂，這種哲學誰要學呢？今天就要特別考察一下，在孟子的哲學中，到底什麼叫快樂呢？

【快樂與憂患並生】

孟子說，快樂跟危險連在一起。

我們都知道孟子見梁惠王的故事，這位大國的國君招待孟子的時候，請孟子參觀他的園林。園林非常華美壯觀，大雁小雁、大鹿小鹿優遊其

原　孟子見梁惠王。王立於沼上，顧鴻雁麋鹿，曰：「賢者亦樂此乎？」

孟子對曰：「賢者而後

間，看起來真是一幅美景啊。他問孟子：「你們這些賢明的學者，也會以這種享受為樂嗎？」孟子這樣回答：「賢者才能有這樣的享受，不是賢者的話，即使有這些也很難長期享受其中的快樂。」他接著就舉夏桀作為例子。夏桀是夏朝最後一個天子，非常囂張狂妄，他說：「我擁有天下，就好像天上的太陽一樣，太陽什麼時候消失了，我才會滅亡。」這話實在太過分了。所以後來老百姓說：「太陽啊，你什麼時候消失？我們要跟你同歸於盡。」孟子是提醒這些帝王不能一個人快樂，假如老百姓受苦受難，你也快樂不了多久。所以快樂跟危險連在一起。

接著孟子又用各種歷史故事告訴這些執政者：「天下太平的時候貪圖享樂，最後就會出現災難。禍與福都是自己招來的，千萬不要抱怨，今天沒有居安思危，自然將來就有困難了。」

樂此；不賢者，雖有此不樂也。《詩》云：『經始靈臺，經之營之；庶民攻之，不日成之；經始勿亟，庶民子來。王在靈囿。麀（ㄧㄡ）鹿攸伏，麀鹿濯濯，白鳥鶴鶴。王在靈沼，於（ㄩ）牣（ㄖㄣˋ）魚躍。』文王以民力為臺為沼，而民歡樂之，謂其臺曰靈臺，謂其沼曰靈沼，樂其有麋鹿魚鱉。古之人與民偕樂，故能樂也。《湯誓》曰：『時日害（ㄏㄜˊ）喪，予及女偕亡。』民欲與之偕亡，雖有臺池鳥獸，豈能獨樂哉？」

──《孟子・梁惠王上》

孟子另外有一句名言，叫作「生於憂患而死於安樂」。一個國家，在內沒有遵守法律的大臣以及輔佐國君的賢臣，在外沒有敵對的國家和外患的威脅，那就遲早要滅亡。

憂患中可以得到生存，安樂中卻會導致滅亡。這就提醒我們，在追求快樂的時候，要注意可能的危險，要有憂患意識。

「憂患」這個詞值得注意。《易經》後面有〈易傳〉，〈易傳〉代表儒家的思想，裡面一再強調「作《易》者其有憂患乎」，說明儒家具有憂患意識。為什麼要憂患？宇宙萬物各有自己的規則，生物之間有食物鏈，有生態平衡，沒有什麼複雜的問題；人不一樣，人如果不受教育，就不知道怎麼進行思考、選擇和判斷，最後會天下大亂。所以人需要受教育，這就是聖人憂患的事情。《中庸》也說，「天地之大，人猶有所

原 今國家閑暇，及是時，般（ㄆㄢˊ）樂怠敖，是自求禍也。禍福無不自己求之者。

——《孟子．公孫丑上》

原 入則無法家拂（ㄅㄧˋ）士，出則無敵國外患者，國恆亡。然後知生於憂患而死於安樂也。

——《孟子．告子下》

憾」。天地那麼大，聖人還是覺得很遺憾。因為人類這種生命，除了身體以外，不會自然發展，如果在思想上在精神上沒有引導的話，最後恐怕會誤入歧途，不可收拾。

所以孟子特別強調憂患，他說如果一個國君「樂以天下，憂以天下」（〈梁惠王下〉）就好了。這句話後來發展成宋朝范仲淹的名言：「先天下之憂而憂，後天下之樂而樂。」但是我更欣賞孟子的話，因為范仲淹說得雖好，但沒有人做得到啊！你要後天下之樂而樂，那你永遠不會快樂，因為天下永遠有人不快樂。所以還是孟子的思想更具有普遍的意義。如果自己的樂與憂都以天下人為考慮，天下人都歡迎你，自然可以稱王天下了。

孟子又進一步說，「我有一輩子的憂愁，但是沒有一天的擔心。」患就是擔心。孟子為什麼

原 是故君子有終身之憂，無一朝之患也。乃若所憂則

有之：舜，人也；我，亦人也。舜為法於天下，可傳於後世，我由未免為鄉人也。是則可憂也。憂之如何？如舜而已矣。若夫君子所患則亡矣。非仁無為也，非禮無行也。如有一朝之患，則君子不患矣。

——《孟子．離婁下》

這樣說呢？因為他想到了舜。舜本來是一個平凡人，後來變成聖賢，照顧天下百姓；我本來也是平凡人，可是到現在沒什麼長進，跟舜比起來相差太遠了，我一輩子都要憂愁這個事情。「無一朝之患」，是說今天不會有什麼事情讓我擔心得過不去的，只要反省自己是否做到兩點就夠了，第一個是仁，第二個是禮。仁就是我非常真誠地做好事；禮就是我遵守規範，按照禮儀跟人交往。那麼一天之內即使有一些損失，有一些獲得，也不值得作為我喜怒哀樂的來源。這就是沒有一朝之患。

可見孟子的立場是：不要以自己的快樂為考慮，而要考慮到天下人。一般人會說，我又不是政治領袖，幹嘛考慮那麼多呢？

有沒有一個人可以享受的快樂呢？答案是肯定的。

【三種超過稱王天下的快樂】

說到快樂，孔子在《論語》裡面特別提到，三種快樂有益，三種快樂有害。用禮和樂來調節生活，是第一種有益的快樂；第二種是樂於在背後稱讚別人的優點，這種快樂絕對沒有後遺症，只有好的報應；第三種快樂呢？是樂於結交很多好的朋友。三種有害的快樂是什麼呢？以驕傲為樂，以遊手好閒為樂，以每天大宴小宴為樂。這三種快樂都落實在物質享受，是比較有害的。孔子不否認那也是一種快樂，但同時指出，這些快樂有其限制，並且會帶來後遺症。

孟子繼承了孔子的快樂觀，又有所發展，講得更完整。

第一要以堯舜之道為樂。堯舜之道就是行善，盡量幫助別人、做好事。歷史上有誰是這麼

原 孔子曰：「益者三樂，損者三樂。樂節禮樂，樂道人之善，樂多賢友，益矣。樂驕樂，樂佚遊，樂宴樂，損矣。」

——《論語・季氏》

做的呢？孟子舉了一個例子，這個人叫作伊尹，是商湯的宰相。他本不願意出來做官，後來發現與其一個人以堯舜之道為樂，不如出來做官，讓天下百姓成為堯舜時代的百姓。

孟子說舜與人為善，是說舜跟別人一起來行善，他把別人的善拿來在自己身上實踐，讓別人發現原來他的善在舜身上也能做到，別人就更願意行善。「與人為善」這四個字，今天的意思跟以前不太一樣了。有時候學生對老師說：「我這次考得不好，您能不能與人為善？」就是叫老師把分數算寬一點。這當然不是孟子的意思。

第二要以孔子之道為樂。是以人為本，尊重每個生命的價值，這種快樂在儒家是最根本的。孟子特別提到顏淵。

人還有沒有其他快樂呢？有的。孟子公開說，君子有三種快樂，而稱王天下不在其中。也

原　與我處畎畝之中，由是以樂堯舜之道。吾豈若使是君為堯舜之君哉？吾豈若使是民為堯舜之民哉？

——《孟子‧萬章上》

原　大舜有大焉，善與人同，舍己從人，樂取於人以為善。……取諸人以為善，是與人為善者也。故君子莫大乎與人為善。

——《孟子‧公孫丑上》

原　君子有三樂，而王天下

就是說，孟子認為有三種快樂超過稱王天下帶來的快樂。

第一種，「父母俱存，兄弟無故」。父母都還健在，兄弟姊妹無災無難。這八個字讓人有一點驚訝，這種快樂是不是有點狹隘，有點家庭主義？孟子為什麼這麼說？他這樣說的道理在於，一個人父母健在的時候，看到跟父母年紀差不多的人，就會「老吾老，以及人之老」（〈梁惠王上〉），這樣推出去；一個人兄弟姊妹沒有災難，他到外面交朋友，看到跟兄弟姊妹年齡差不多的人，他也可以推出去。我們一直強調孟子所說的是人性向善，而這需要有一個階梯，慢慢推出去。人生的快樂在於我們的人性可以發展，而人性發展的時候就跟父母健在、兄弟姊妹沒有任何災難聯在一起了。這是每個人都可以有的快樂。

不與存焉。父母俱存，兄弟無故，一樂也；仰不愧於天，俯不怍於人，二樂也；得天下英才而教育之，三樂也。君子有三樂，而王天下不與存焉。

——《孟子・盡心上》

第二種快樂呢？就有點玄了，叫作「仰不愧於天，俯不怍於人」。現在我們還用這個成語，即「俯仰無愧」。用白話來說就是，擡頭看天，不覺得慚愧；低頭看人，也不覺得慚愧。低頭看別人不覺得慚愧，這個比較容易理解，也比較容易做到，我沒有跟別人借錢不還，沒有欺騙別人，也沒有害過人，所以看到任何人都問心無愧。英國有位作家說，別人都說我是好人，其實我想了半天，自己哪裡是好人呢？他最後有個結論，說我是好人，只因為我從來不欠債不還，沒有扭斷過小貓的脖子。當然這個作家寫文章比較誇張，他是用這個作例子。

那麼，什麼叫作擡頭看天不覺得慚愧呢？很多人認為，孟子所謂的天就是人的心，他說擡頭看天等於是叩問自己的良心。這樣講太狹隘了。因為每個人都很主觀，有時候覺得自己很對，其實別人看你不一定對；有時候覺得問心無愧，別人可能說你先看看心在不在。所以我們不要輕易抹煞儒家對天的觀念。孟子說擡頭看天不覺得慚愧，孔子也說五十而知天命，是說一個人活在世界上，對天要有個交代。這是個比較複雜的問題，我簡單說一下。人跟動物不一樣，人要有人的使命，就是好好做一個人。

好好做一個人，絕不是說吃飽喝足慢慢長大，最後老了過世了；也不是說長大之後成家立業多生幾個孩子，傳宗接代；而是說我把人性向善的要求設法擇善固執，要追求止於至善，這是我的使命。如果沒有在這個路上走，那麼我就對不起天，天白白給我一個人的形狀、人的樣子。

孟子說：「惟聖人然後可以踐形。」（〈盡心上〉）「踐形」這兩個字很特別。每個人生下來都有人的形狀、人的樣子，但是只有聖人可以把人的樣子充分地實現出來。換句話說，做一個真正的人，就是成為聖人。聖人跟我們平凡人有什麼差別？平凡人還不夠真實，而聖人是真實的人。

還有第三種，**叫作「得天下英才而教育之」**。很多人認為這說的是老師，並且是明星學校的老師。有的學校不怎麼樣，學生成績不太好，老師就說：「你看我沒有這種快樂，因為我得到的不是英才。」所以我要說明一下，儒家所謂的英才只有一個標準，就是有心上進。很簡單，我們從《論語》開始說起。《論語・雍也》中有一句話：「子曰：『中人以上可以語上也，中人以下不可以語上也。』」一般都翻譯成：「孔子說，中等以上才智的人，才可以跟他講高深的道理，中等以下才智的人，就不能跟他講高深的道理。」這樣翻譯當然是錯的，因為中等才智的人占多數啊。而且孔子又說，「唯上智與下愚不移」（《論語・陽貨》），就是最聰明的與最笨的是你沒有辦法教，無法改變的。所以要把「中人以上」的「以上」當成動詞來理解，是中等才智的人願意上進。他如果不願意上進，就不用跟他講了。儒家很重視學習者主動的意願。孟子講的英才也一樣，有心上進者稱為英才。所謂老師，不只是學校裡的老師，在社會上任何地方，長輩教導晚輩，長官教導部下，年紀大的告訴年紀輕的，都是一種教育。而這些年輕的受教者，有心上進的話，教導者都能得到當老師的快樂。因為文化需要繼承、需要發展啊！這樣的快樂，難以形容。

這就是孟子所說的人生的三種快樂，超過稱帝稱王。

這到底是一種什麼樣的觀點呢？當帝王可以說富貴到極點，如果只有當帝王是快樂的，天下就很少有人快樂，就像西方哲學家黑格爾所說，中國歷史上一向只有一個人自由，叫作皇帝。我們知道不是那樣子的，中國有很多所謂的隱逸之士，可以自己過比較逍遙自在的生活。說實在話，當皇帝反而很不快樂，反而很少有自由。

我們要了解儒家所謂的快樂由何而來。

【什麼是人生最大的快樂】

孟子說，什麼是人生最大的快樂呢？「萬物皆備於我矣。反身而誠，樂莫大焉。」（〈盡心上〉）這就是最大的快樂了。前面講三種快樂勝過當帝王，現在講的是真正最大的快樂。

什麼叫「萬物皆備於我」呢？這是很大的問題，兩千多年以來爭論不休。宋朝的學者喜歡這樣解釋：萬物之理皆備於我心。對不對呢？這樣解釋有道理，但有問題。萬物之理是什麼意思？例如以前的人不會開飛機，忽然你跟他講，哎，現在二十一世紀了，我教你什麼是飛機，然後他聽懂了，他就了解了飛機這個理。這說明他的心本來就有了解這種理的可能。人的心具有無限的容量，在理論上可以了解所有一切，只要你說得出來，我都可以設法聽懂。這叫作萬物之理皆備於我心。但是這與快樂有什麼關係呢？與後面的「反身而誠」又有什麼關係呢？如果要把萬物之理備於我心，那麼看到任何東西都要問，這有什麼快樂呢？

所以讀書的時候就要倒過來想，「萬物皆備於我」，就是我生下來一切就都齊備了，裡面就夠了，外面都是可多可少，沒有什麼非要不可的。例如你現在活著，但是活著一定要有很多條件嗎？例如每個月賺多少錢，住什麼房子，坐什麼車子，統統具備了，你才能好好做一個人嗎？不一定。你一定要有這些外在的條件才會快樂嗎？也不是。

孔子說：「顏回真是傑出啊！每天吃一竹碗飯，喝一點水，住在小巷子裡，別人都受不了這種憂愁，顏回卻沒有改變他的快樂。」孔子怎麼說自己呢？「吃粗糧，喝白水，手臂彎起來當枕頭，其中就有快樂。」

真正的快樂在內不在外，孔子和顏淵在這一點完全相同。如果不能掌握這個，學什麼儒家道家都沒有用。所以我們說，萬物皆備於我，就是說我一個人活在世界上，本身就內在圓滿，具備所有的快樂條件。

接著第二句話，「反身而誠，樂莫大焉」。通過反省發現自己完全真誠，那麼快樂就沒有比這更大的了。這不容易做到。通常我們自我反省

原 賢哉回也，一簞食，一瓢飲，在陋巷，人不堪其憂，回也不改其樂。

——《論語．雍也》

原 飯疏食飲水，曲肱（ㄍㄨㄥ）而枕之，樂亦在其中矣。

——《論語．述而》

的時候，都會覺得曾經有過不良的動機，可能無意有意中傷害到別人，或者對別人有些虧欠。人生哪裡有圓滿的呢？所以人往往是前半輩子做一些偏差的事情，後半輩子設法彌補、改善，很少有人從小開始一輩子做的都是正面的事。

於是有人認為孟子是唯心論，還把他和柏拉圖作比較。這種比較其實沒有什麼必要。因為「唯心論」這個詞是我們現代人用的，西方古代並沒有什麼唯心、唯物的區分，只是到了近代哲學，從笛卡兒到康德一路下來之後，才分出唯心、唯物。

其實人是整體的生命，孟子強調心，但從來沒有忽略身體的重要，或者說是必要。孟子把身體當作小體，把心當作大體。他說，觀察一個人，沒有比觀察他的眼睛更好的了。心思正直，眼睛就明亮；心思不正，眼睛就濁暗。這話說出來實

原　孟子曰：「存乎人者，莫良於眸子。眸子不能掩其惡。胸中正，則眸子瞭焉；

在很難得到普遍認同，假如我正好患了黃膽病，眼珠昏黃，那就是胸中不正，豈不冤枉嗎？孟子為什麼說這種容易被人誤會的話呢？這是因為他要強調身跟心的配合。人不能沒有身體。例如我走在大街上，看到一位老人家摔跤，要把他扶起來，就需要心來下命令，然後身體、手腳去行動，才能把好事完成。如果沒有手，怎麼去扶他呢？儒家不會忽略身體的必要。什麼叫必要呢？非有它不可，但只有它還不夠，這就是必要。我吃飽喝足了，這是必要的，然後我才能去做重要的事情。做重要的事情，要靠心去發號施令，由身體來配合完成。以心為主，以身體為輔，兩者配合起來，才能做成許多好事。能夠做到的話，就是「反身而誠，樂莫大焉」，是最大的快樂。

　孟子的思想裡面，有一段提到身跟心的配合，講得非常深刻。他說：「仁就是孝順父母，

胸中不正，則眸子眊（ㄇㄠˋ）焉。聽其言也，觀其眸子，人焉廋（ㄙㄡ）哉！」

——《孟子・離婁上》

原　孟子曰：「仁之實，事

義就是尊重兄長，智就是了解仁、義是人生必經之路，禮就是按照客觀的規矩來安排實踐仁、義這兩方面的要求。」先說仁，再說義、智、禮，第五個說的是樂。「音樂的實質是由仁、義這兩方面得到快樂。快樂一產生就抑制不住，抑制不住就會不知不覺手舞足蹈起來。」孟子很喜歡這種由內到外表現出來的快樂。

孔子思想的核心是一個「仁」字。怎麼行仁呢？孔子說了「能近取譬」（《論語・雍也》）四個字，就是能在身邊找到譬喻，努力讓自己去做。簡單來說，就是換位思考。你要行仁嗎？就要替別人設想，假如換了我，我會希望怎麼做，然後根據這個希望去做。

孟子也認為，「強恕而行，求仁莫近焉」（〈盡心上〉）。「如心」為恕，就是將心比心，推己及人。我努力照這個做，就可以行仁。

親是也；義之實，從兄是也；智之實，知斯二者弗去是也；禮之實，節文斯二者是也；樂之實，樂斯二者，樂則生矣；生則惡可已也，惡可已，則不知足之蹈之。手之舞之。」

——《孟子・離婁上》

所以，儒家不是叫你一個人關起門來講真誠，而是講真誠的時候要問，我跟別人之間的關係是否適當？如果適當，內心會非常愉快；如果不適當，那就要問了，我可不可以改善？

然後孟子說：「古代的人得志的時候恩澤加於百姓，不得志的話，就退下來修養自己。」「窮則獨善其身」，不是不跟別人來往，而是在沒有機會做官造福百姓的時候，就努力讓自己變得完美。通達的時候呢？就讓天下人一起走向完美。我們講儒家思想的時候要分兩個層面，一個層面是說讀書人要學習儒家的思想，做官造福百姓，讓百姓過好的生活；另一方面是說，光造福百姓不夠啊，還要帶著百姓一起走向完美的人生。為什麼儒家思想對於讀書人的啟發很深刻呢？就是除了有德行之外，還要有能力。能力不夠，就算德行再高，也無法真的改善百姓的生

原 古之人，得志，澤加於民；不得志，修身見於世。窮則獨善其身，達則兼善天下。

——《孟子・盡心上》

活。那很可惜啊！

在儒家看來，古代的帝王照顧百姓需要三個條件：第一，要有德行。有德行，才會跟所有人心意相通。德行越高，別人越高興，因為你會照顧他，會與人為善。第二，要培養能力。僅僅是一個好人，但辦不成事，不是很可惜嗎？第三，要有智慧。因為人活在世界上常常有迷惑。

什麼叫迷惑呢？孔子的學生有兩次直接問孔子，孔子兩次回答都提到情緒、情感的問題。第一次，孔子說，愛一個人的時候希望他一直活下去，恨一個人的時候希望他立刻死去，對同一個人這樣又愛又恨，就是迷惑。第二次，孔子說，因為一時的憤怒，忘記自身的安危以及父母親的安危，難道不是惑嗎？可見，孔子所說的迷惑都跟情緒的反應衝動有關。儒家很強調人要有好的情商（EQ），能調節自己的情緒。

原　愛之欲其生，惡之欲其死。既欲其生，又欲其死，是惑也。

——《論語．顏淵》

原　一朝之忿，忘其身以及其親，非惑與？

——《論語．顏淵》

德行、能力、智慧，這三個條件缺一不可。具備了這些條件，才能夠帶領百姓解決困難，幫助他們走上人生的正路。

通過學習我們可以知道，儒家思想不是一套專用於統治的理論，它支持的政治叫作仁政，而且每一個人都可以從中學到做人處事的道理，從而善度這一生。

【在快樂中成就立體的生命】

人的生命非常可貴，我們常會想到孔子的話：「時間就像河裡的水流，從來沒有停止過。」我們怎麼能夠不努力呢？像孔子、孟子，他們的生命是一直往上走，是一個立體的生命。我們學儒家，就要讓自己的生命也變成立體的生命。

這裡面有很大的壓力，但你不要忘記，也有更大的快樂。有時候我們看到介紹孔子或者孟子的一些資料，提到孔子是喪家狗，一生不得意，窮愁潦倒，鬱鬱寡歡。其實，孔子一輩子都非常快樂，他平常生活的時候，「申申如也，夭夭如也」（《論語・述而》），是非常自在輕鬆的。孟子也是一樣。弟子有一次說：「先生看起來似乎不太開心。」孟子回答說：「我為什麼會不開

原 逝者如斯夫，不舍晝夜。

——《論語・子罕》

原 孟子去齊，充虞路問曰：「夫子若有不豫色然。

心呢？」他的意思是，能不能實現理想，要看天時地利人和能不能配合，不能配合的話我獨善其身，讓自己變得更為完美，至少對得起這個生命。

儒家為什麼可貴？因為儒家對每一個生命都非常尊重，不放棄任何一個人。這個不放棄，絕不是幫你升學高考，進入好學校，將來就業，那個太狹隘了。而是告訴你，作為一個人，有內在的尊嚴與內在的價值，你的心非常可貴，你把它發出來的話，這一生就走在正路上，快樂也會源源不絕。

我們一再提到孟子筆下的舜，舜是天子，要什麼有什麼，又做了那麼多好事，天下人都佩服他，但他卻有一段時間不快樂。孟子說了一句話，「惟順於父母可以解憂」（〈萬章上〉），舜這個天子，到最後讓父母也快樂了才覺得自己

前日虞聞諸夫子曰：『君子不怨天，不尤人。』」

曰：「彼一時，此一時也。……夫天未欲平治天下也，如欲平治天下，當今之世，舍我其誰也？吾何為不豫哉？」

——《孟子．公孫丑下》

真的開心。快樂有很多層次，對於舜來說，如果父母不滿意，自己在外面有再大的成就都要打好多折扣。

一個人事業發展良好，但家庭出現問題的話，他的快樂就很有限，回家就很難過了。有時候外面越得意，家裡越失意，反襯對照起來，簡直是苦不堪言。別人只看到他風光的一面，不知道他自己對於父母家人不滿，父母和家人也對他有意見。那種痛苦難以想像。孟子為什麼特意提到舜？就因為舜知道，我不能使父母親滿意的話，天下人都喜歡我也沒用。舜的父母曾經想要謀害舜，可是舜不去考慮這些，還是盡他的力量。所以最後的結局是很美好的。

我們平常看故事喜歡有快樂的結局，happy ending，覺得終於圓滿了、團圓了。但是很多事情做了半天沒有圓滿結果，怎麼辦呢？

儒家其實不在乎那個結局是否圓滿，只在乎你是否繼續做，你要有恆心，由內而發。就是說要設法對得起自己的心，至於別人怎麼樣，實在不能干涉。因為你孝順，父母就一定慈愛嗎？做父母的慈愛，子女就一定孝順嗎？沒有人可以打這個包票。

所以儒家是回到每個人自己身上。一方面，你要活在人群裡面，沒有人際關係的網絡，根本不可能生存發展；但是另一方面，你不能說我一定要有什麼樣的父母，什麼樣的兄弟姊妹，什麼樣的同事、同學、朋友，你不能選擇，很多已經定了。你說：「我朋友都有些問題，同事都有些毛病，都對我不好，怎麼辦呢？」儒家認為正好藉此機會修德行善啊！我們可以思考，如果孔子不是生在春秋時代末期，孟子不是生在戰國時代中期，他們生下來就很順利，那恐怕就不是孔子、孟子了吧？可能是很平凡的一生了。

所以有很多時候，在顛沛流離之際，才真的能夠看透人生裡面什麼是必要的，什麼是需要的，什麼是重要的。

儒家認為，每個人首先要面對的是自己的人性。人性向善，真誠引發力量，由內而發，快樂也是由內而發。掌握了這個原則，我們每個人都可以將快樂操之於己，而不用求之於人。

第十講

人生的境界

人生的價值何在？如何過快樂而有意義的生活？孟子讓所有的人都有路可走，得以提升生命的境界。

這一講談人生境界。這個話題，很容易讓人想到國學大師王國維先生關於讀書做學問的三種境界說。人的壽命有長有短，人生境界有高有低，儒家有沒有關於人生境界的觀念呢？如果有，在儒家看來，一個人可以做到何種程度呢？

我們小時候讀《論語》，常常覺得有壓力，因為看了半天好像只有兩種人而已，君子跟小人。再分析一下，又覺得自己比較接近小人。因為君子所理解的是道義，小人更關注的是自身的利益。一般人都比較現實嘛。

孔子所說的君子，標準的確很高，像「君子和而不同」，「君子周而不比」，「君子矜而不爭、群而不黨、泰而不驕」，「君子坦蕩蕩」，我們好像真的不容易做到。

但還有更高的，是聖人。在孔子的時代，聖人叫作聖王。在孔子看來，只有堯、舜、周文王、周武王等很少幾個人夠資格。到了孟子，聖人的標準放得比較寬了，也比較合理。孟子認為聖人有四種，前面三種是我們可以學到的，第四種以孔子為代表，那特別難。

今天講孟子的人生境界說，就從他對於聖人的分類開始。

【修練性格就能成聖】

前面三種聖人分別是：

第一種是聖之清者，非常清高的。

第二種是聖之任者，負責任的。

第三種是聖之和者，很隨和的。

聽到清高、負責和隨和，我們會覺得並不很難啊，說不定周圍就有些人符合條件。孟子所指究竟如何呢？

像伯夷屬於「聖之清者」，他眼睛從來不看不好的東西，耳朵也不聽不好的話語；不是理想的君主，不去服侍；不是理想的百姓，不去使喚。他後來反對周武王討伐商紂，周朝建立之後不食周粟，到山上採薇，最後餓死了。伯夷的清高，為後世留下了典範。

原 伯夷，聖之清者也；伊尹，聖之任者也；柳下惠，聖之和者也。

——《孟子・萬章下》

原 伯夷，目不視惡色，耳不聽惡聲。非其君不事。非其民不使。治則進，亂則退。

——《孟子・萬章下》

伊尹是最有責任感的，他說，上天生下這麼多百姓，要「以先知覺後知」，「以先覺覺後覺」。伊尹很有自信，他說：「我就是先知先覺的，我就要照顧那些老百姓。」伊尹先知先覺的內容就是堯舜之道。伊尹希望天下人都可以受到堯舜之道的恩澤。可以說，他把天下的重任擔在了自己肩上。

第三位隨和的是誰呢？柳下惠。柳下惠不以壞君主為羞恥，也不以官職低為卑下。他說：「你是你，我是我，你即使在我身邊赤身裸體，又怎能夠玷汙我呢？」就是說你做你的事，與我不相關，各人自己負責。他跟伯夷正好形成兩個極端，伯夷絕對不跟你打折扣，柳下惠則完全隨和，可以與周圍人群融在一起。

這三種聖人都有自己的性格，如果找星座的話，可能有的是處女座，有的是獅子座，恐怕可

原 伊尹……曰：「天之生斯民也，使先知覺後知，使先覺覺後覺。予，天民之先覺者也。予將以此道覺此民也。」思天下之民，匹夫匹婦有不與被堯、舜之澤者，若己推而內之溝中。其自任以天下之重也。

——《孟子．萬章下》

原 柳下惠不羞汙君，不辭小官。進不隱賢，必以其道。遺佚而不怨，厄窮而不憫。與鄉人處，由由然不忍去也。「爾為爾，我為我，雖袒裼裸裎於我側，爾焉能浼我哉？」

——《孟子．萬章下》

以找到很多對照。對於我們一般人來說，我生下來就是喜歡清高，我就是喜歡隨和，我就是願意負責。好，按照自己的性格特徵好好修練到極端，這個極端不是壞的，清到極點，和到極點，任到極點，也能夠成為聖人了。孟子這個分法就讓所有人都有路走了——按照你的性格趨向，專做你性格所要求的好事，做到底。

孔子跟前面三種聖人不同，孟子說他是「聖之時者也」。這個「時」代表孔子懂得判斷時機，簡單來說，就是該清則清，該和則和，該任則任，該怎麼樣就怎麼樣。這就是孔子說的「無可無不可」，我沒有非這樣不可，也沒有非不這樣不可，我是要看情況而定。

孟子很喜歡舉一個例子：孔子離開齊國的時候，撈起正在淘洗的米就上路。我們可以想像一下，一定會有人說：「你太著急了吧？米都已經

原 孔子之去齊，接淅而行。去魯，曰：「遲遲吾行也。」去父母國之道也。可

洗了一半，吃完飯再走吧。」孔子說：「不行。我跟他們沒有什麼默契，我不願意多待半天。」但是孔子離開魯國的時候，卻說：「我們慢慢走吧，這是離開我們自己的祖國啊！」你看，同樣是離開一個國家，態度完全不同。

我們看孟子對孔子的評價，就覺得他真的很了解孔子。他用「金聲玉振」這四個字來描寫孔子，稱他是集大成者。古代演奏樂曲的時候，開始要敲鎛（ㄅㄛˊ）鐘，叫作金聲，最後擊玉磬來結束，叫作玉振。孟子說，開始奏出鎛鐘的聲音，要靠智慧；最後奏出玉磬的聲音，要靠聖德。聖德好比力量，智慧好比技巧。就像在百步以外射箭，射到那個距離，是靠你的力氣；射中目標，就不是靠力氣了。

他這樣說的用意是什麼呢？在儒家看來，仁德是一回事，還需要智慧。有了智慧才能夠作判

以速而速。可以久而久，可以處而處，可以仕而仕，孔子也。

——《孟子・萬章下》

原 孔子，聖之時者也。孔子之謂集大成。集大成也者，金聲而玉振之也。金聲也者，始條理也；玉振之也者，終條理也。始條理者，智之事也；終條理者，聖之事也。智，譬則巧也；聖，譬則力也。由射於百步之外也，其至，爾力也；其中，非爾力也。

——《孟子・萬章下》

斷，有了判斷才能夠讓行動恰到好處。以智慧配合仁德，生命才能成為一曲華美的樂章。

孔子既有仁德，又有智慧，是力量與技巧的完美統一。所以孟子對他的評價是「聖之時者也」，甚至說他是集大成者，自有人類以來沒有人能超過孔子。這就是所謂人生的境界。

像孔子這樣確實是不容易的，他能「吾道，一以貫之」（《論語・里仁》）。孔子的學說有一個中心思想，他能把所有的知識連貫起來構成系統，所以學生怎麼提問題他都可以回答。孟子也一樣，你怎麼問他都可以回答，並且怎麼回答都不會自相矛盾。

原 出於其類，拔乎其萃。自生民以來，未有盛於孔子也。

——《孟子・公孫丑上》

【人生的六種境界】

孟子正面提出人生的六種境界，是在〈盡心下〉中評價弟子樂正子的時候。在第五講中說過，孟子聽說他要在魯國執政，高興得睡不著覺，並說他只有一個優點，叫好善。那是〈告子下〉中的記載。現在又有人問孟子，說樂正子怎麼樣呢？孟子說：「這個人還可以，是個好人，也是個實在人。」那人又追問：「怎麼樣叫好，怎麼樣叫實在呢？」孟子接著就說出來人生的六種境界。這六種境界是儒家思想裡面最有代表性的，但是我們通常不太注意到，因為它出現在《孟子》的最後一篇。這六種境界，也可以稱為人生的六個層次，下面就看看孟子是怎麼說的。

第一種，「可欲之謂善」。可以讓我喜歡的，讓我覺得願意要的，它就是善。

原 浩生不害問曰：「樂正子何人也？」

孟子曰：「善人也，信人也。」

「何謂善？何謂信？」

曰：「可欲之謂善，有諸己之謂信，充實之謂美，充實而有光輝之謂大，大而化之之謂聖，聖而不可知之之謂神。樂正子，二之中、四之下也。」

——《孟子‧盡心下》

這個說法很容易引起誤解。一位研究儒家的美國教授就說，按照孟子「可欲之謂善」的說法，牛排是善的，因為牛排很可欲。再推而言之，很多人可欲的都是不好的東西，那也叫善嗎？

這裡就要分清楚，孟子所說的「可欲」，主體是誰？第一個是小體，叫作身體。第二個是大體，叫作心。孟子講的當然是心了。他說，嘴巴對於味道，有相同的嗜好；耳朵對於聲音，有相同的聽覺；眼睛對於容貌，有相同的美感。說到心，就偏偏沒有共同肯定的東西嗎？當然有，這就是理和義。「理義之悅我心，猶芻豢之悅我口。」理代表合理，義代表正當，合理跟正當讓我的心覺得喜歡、愉快，就好像芻豢讓我的口覺得愉快一樣。芻豢是什麼？芻是吃草的，就是牛羊，豢是吃雜食的，例如豬跟狗。牛羊豬狗的肉

原 口之於味也，有同耆焉；耳之於聲也，有同聽焉；目之於色也，有同美焉。至於心，獨無所同然乎？心之所同然者何也？謂理也，義也。聖人先得我心之所同然耳。故理義之悅我心，猶芻豢之悅我口。

——《孟子‧告子上》

讓我的口覺得喜歡，他用這個打比方，因為一般人都知道。孟子用「悅」這個字，說明我們的心不是本善，而是向善。

孟子為什麼把善放在第一步呢？因為人性向善，善其實是最容易做到的事情。例如我走在街上，有個年輕人去幫助老人家過馬路，我看著就喜歡；我坐在車上，有個年輕人把座位讓給身體殘障的人，我看著就開心。我不用讀書，不用學儒家，不牽涉個人利害關係，也不需要認識這個年輕人，看到這種行為都會覺得很「可欲」，都會喜歡這個行為，這就是善。

第二種，「有諸己之謂信」。有之於自己，就是把這個「可欲」的善在自己身上加以實踐，這叫作信。信，在這個地方是「真」的意思。也就是說，我原來只是一個平凡的人，無所謂真假，但是我做到了善，就成為了真正的人。

第三種，「充實之謂美」。美放在這個地方真是很特別，儒家是談過美的，孔子聽到《韶》樂，說「盡美矣，又盡善也」，聽到《武》樂，說「盡美矣，未盡善也」（《論語・八佾》）。大家就開始討論，美跟善是什麼關係？很多人說美代表形式，善代表內容，這個說法可以成立。當然還可以有別的解釋。例如也有人說因為舜的功勞太大，照顧百姓盡善盡美了；周武王呢？他伐紂成功之後只做了六年的天子，來不及照顧所有的百姓，所以還不夠盡善的標準。怎麼解釋都說得通。重要的是，對於孔子來說，他所謂的美偏向人文之美；對孟子來說，他所謂的美偏向人格之美，這是不一樣的。

人文之美怎麼說？文質彬彬就是人文之美，孔子強調一定要受教育，僅僅有質，這個質本身雖很純樸，但是不夠。「質勝文則野」，就是說本質很純樸，但超過所受的文化教育，就有點粗糙。例如一個人很好心，但有些時候行為不太符合一般人的規矩，你會覺得這個人很有誠意，但是沒有受到好的教育，不知道該如何表達。倒過來，「文勝質則史」。文化教育受得太多，太懂得人情世故、送往迎來，超過內心真誠的情感，就有一點裝腔作勢了。應該怎麼辦？「文質彬彬」，該文就文，該質就質，恰到好處。所以孔子一向堅持禮樂的教育，這是孔子的立場，人文之美。

原 子曰：「質勝文則野，文勝質則史。文質彬彬，然後君子。」

——《論語・雍也》

孟子的時代是戰國中期，講人文恐怕來不及了，太慢了。所以他提出「充實之謂美」。充實就是在任何時候、任何地方、任何情況都做到善，沒有任何缺陷，一次都沒有錯過。這是人格之美。具體來說，就是我對任何人在任何情況下都做得恰到好處。見到父母親孝順，見到朋友講信用，見到兄弟姊妹友愛，見到上級尊敬、盡忠職守，見到屬下照顧……這太難了。孟子說他的學生樂正子也只做到了「二之中，四之下」，就是說，樂正子是在「善」與「真」二者中，「美、大、聖、神」四者之下的人。

第四種，「充實而有光輝之謂大」。什麼叫充實而有光輝呢？就是完完全全做到善，並且發出光輝照耀別人。「大」這個字很有意思，孟子常常提到「大人」。一方面，「大人者不失其赤子之心」，德行完備的人，不會喪失像小孩子一樣單純的心思。另一方面，「大人」的智慧高得不得了，「言不必信，行不必果，惟義所在。」（〈離婁下〉）說話不一定要守信，為什麼「大人」會這麼做？因為所謂的守信是現在答應你，將來一定要做到。但現在到將來有時間落差，可能發生任何狀況，所以如果不管中間發生什麼變化，一定要守信，有時反而會把事情做壞。這就需要根據具體情況作判斷。

所以在孟子看來，「大人」一方面要有非常單純、純潔的心思，另一方面要有高明的智慧，判斷各種可能的變化。這不容易做到。

但是這樣還不夠，第五種境界，叫「大而化之之謂聖」。今天講大而化之，有一點輕鬆的意味，是說一個人不注意細節，不太認真，但是孟子說的不是這個意思。孟子說的大而化之，是承接前面的「大」而來的。大，是一個人在任何時候、任何地方、任何情況都可以做到善，他非常充實，然後發出光輝。但這個光輝是靜態的光輝，化則是動態的感化。從靜態的光輝變成動態的力量，可以感化群眾。

孟子說過「君子所過者化，所存者神，上下與天地同流。」（〈盡心上〉）這裡的「君子」是很特別的君子。孟子很喜歡一下就把天地說出來，是因為天地裡面有萬物，就是我們能達到的所有的領域。一說天地，就代表到任何地方都行得通，沒有任何阻礙。什麼叫「所過者化」呢？他經過任何地方都會感化百姓。什麼叫「所存者神」呢？他內心所存的是神妙無比的力量，跟天有某種相通的能力。怎麼可能跟天相通呢？這個有時候沒辦法說得很明白。通常沒有到那個年齡，沒有到那個修為，確實不容易了解他在說什麼。所以孔子的學生對孔子不是很了解，也是合理的。

我們今天學習的困難之一就在這裡，我們比起孔子、孟子的境界差得太遠，但又必須把他的境界盡力描述出來。就好像梁漱溟先生，晚年的時候別人問他，你自己算是聖人嗎?梁先生回答說,我不是聖人,但是我知道聖人是什麼樣子。這真是很好的答案,孔子都說「若聖與仁,則吾豈敢」(《論語・述而》),誰還敢說自己是聖人呢?我們今天學習也是一樣,雖然離這樣的境界很遠,但是經由學習和長期的思考,至少可以了解他在說什麼樣的境界。

大而化之,我不但本身有光輝,還能產生力量感化群眾,讓這個社會變得更好。這個階段應該已經到頭了吧?但是孟子還繼續說,「聖而不可知之之謂神」。聖到不可理解的程度、不可思議的程度,叫作神。這個地方特別精采,為什麼?所謂的「不可知之」,說明不能用概念加以描述,也不是語言可以說明的。就好像道家說的「道可道,非常道」,真正的道不能說也不必說,它無所不在嘛。對儒家而言,這種「不可知之」就是理性思考達不到的。孟子就是這點了不起,他對人的生命沒有加上任何限制,所謂的聖人,也只是對人的一種分類,能被分類就代表他還具有某些特質被你掌握住了。人的生命是微妙的,充滿了無限的可能。尼采說,人是懸在深淵之上的繩索,在這邊就是動物,在那邊就是超人。可見,偉大的思想家都有類似的看法,人的生命,朝低裡講,那真是動物;朝高裡講,不可思議。

你永遠不能說已經到了最高境界了,沒那回事。一個人只要活著,例如一個小孩子慢慢受教育,慢慢成長,就永遠不要限制他,你不知道他將來可以達到多麼偉大的境界。同樣，對自己也不能夠小看。

為什麼說儒家思想是一套完整的哲學、偉大的哲學，對人性有真正的了解？從孟子的人生六境界說就可以看出來。從善到信到美，再到大到聖，到神，從最低的階段到最高的階段，形成一個整體。這一點很少被強調，一般人知道的反而是佛教裡面的六道輪迴，天、人、阿修羅、畜生、餓鬼、地獄，六道輪迴。講六道輪迴，代表從天到地獄，有可能上，也可能下。同樣的，孟子所說的人生六個層次，也可以上可以下。但一般來說，上去很不容易，上去之後要下來也比較少。宗教有時候強調一念轉不過來就成凡夫了，一念覺悟又成佛了，講得太玄。而儒家講得比較切實，好像階梯一樣，底下做到了才能慢慢往上，真的做到大人、聖人了，不會因為今天念頭出了問題，一下子又落下來。因為儒家是哲學，修養德行是慢慢累積的。

儒家讓我們知道人性是什麼，知道真誠由內引發力量，讓我們行善。善是我們與別人之間適當關係的實現。別人是誰呢？包括天下所有人。所以孔子的志向是：「老者安之，朋友信之，少者懷之。」（《論語・公冶長》）要關懷天下每一個人，我們一般人當然做不到。但是我們不能成就天下人的幸福，卻有可能使自己的人格、人性慢慢走向成全，走向完美。儒家思想可貴就在這裡：兩個層面，一個是橫的層面，我要關懷照顧越來越多的人；一個是縱的層面，在這個過程中我的生命經過提升、磨練，慢慢往上走，善、信、美這樣一路上去。這就使儒家哲學構成完整的系統。

任何一套哲學要讓別人接受，首先要具有理論的系統，其次要具備實踐上的可行。像黑格爾那樣建構了一座哲學大廈，絕對唯心論，他能做到嗎？做不到，他的生活還是很現實的。但儒家不一樣，儒家思想是孔子、孟子等人親身去實踐，然後用理論去說明的。

【孟子一生的抱負】

首先，孟子學習孔子，他具有使命感，很希望能夠為這個社會做一點事情。但是只能說時不我與，在戰國時代中期，他能做的實在很有限。很多人說，儒家好像不太適合實際的政治吧？但是我們不能忘記一點，儒家從來沒有被真的實踐過，所以說儒家沒用，這個命題也不能成立。中國歷代以來是陽儒陰法，政治上有問題，法家應該負更多責任，而不是儒家。儒家的思想得到過真正的理解嗎？以孟子為例，我們大部分人都受到宋朝學者朱熹注解的影響，說孟子強調人性本善，但這是孟子的想法嗎？他們都忽略了孟子強調讓自己真誠這樣的理念，「思誠者，人之道」（〈離婁上〉），這才是人生的正路啊！

很多人常問，孔子跟孟子究竟有什麼差別？孔子所說的就是仁、義這些概念，孟子把仁推展成仁政，再把仁義禮智四種善找到人性內在的根源。我們講人性向善的時候，絕對不是說人性在內，善在外面，我去行善，絕不是如此。因為宇宙萬物裡面只有人類有行善避惡的要求，所以善惡的要求跟人性有關。

再例如孔子沒有談到完整的聖人觀，孟子談了，孔子對於歷史發展的論述，不像孟子「五百年必有王者興」（〈公孫丑下〉）談得那樣清楚；尤其孔子只說自己五十而知天命，孟子則有一套完整的天命觀。孟子把孔子留下來的思想資料，加以溫故知新，融匯個人的見解，再構成完整的系統闡述出來，這個貢獻是無與倫比的。

孔子自己沒有著作，《論語》裡有的只是片片斷斷的言論，不能形成系統；而孟子是到了六十歲以後，發現沒有什麼希望改變那些國君的想法，就回到老家，跟學生一起合著《孟子》七篇。所以《孟子》這部書是他親自寫的，也正因為如此，裡面不論氣勢也好，文字使用的技巧也好，都是少見的。

但是孟子作為儒家學說的繼承者，也有他的遺憾。他認為每隔五百年都應該有聖者出現，第一代是堯舜，後面是商湯，再後是周文王，再後是孔子。從孔子到他不過一百多年，距離孔子的時代這麼近，距離孔子的家鄉也這麼近，但是真

原　孟子曰：「由堯舜至於湯，五百有餘歲。若禹、皋陶，則見而知之；若湯，則聞而知之。由湯至於文王，五百有餘歲，若伊尹、萊

就沒有人了解孔子的思想嗎？如果沒有的話，那就真沒有人了解了。讀了很令人傷感。

有時候會覺得，如果沒有孟子，孔子的學說恐怕很難被後世了解。孔子過世以後，親傳弟子在學術上表現比較好的就是曾參，據說傳了《大學》，傳了《孝經》。也有人說孔子的孫子子思寫了《中庸》，這還有待考證，因為根據《中庸》的思想和內容，它應該出現在孟子之後。還好出來一個孟子，使得孔孟思想成為儒家的正統思想。

有人會說，荀子呢？荀子的年代比孟子稍微晚一點，有一段重疊的時間。荀子的觀點與孟子可以說是截然不同，《荀子》書中有一篇叫作〈性惡〉，是專門批判孟子。在歷史上，首先把孟子的性善說成性本善，然後加以嚴厲批判的，就是荀子！

朱，則見而知之；若文王，則聞而知之。由文王至於孔子，五百有餘歲，若太公望、散宜生，則見而知之；若孔子則聞而知之。由孔子而來至於今，百有餘歲，去聖人之世若此其未遠也。近聖人之居，若此其甚也，然而無有乎爾，則亦無有乎爾。」

——《孟子．盡心下》

荀子的說法對不對呢？判斷一個哲學家，必須問他的核心概念，第一個，什麼是人性；第二個，什麼是天。為什麼？因為對人性的看法決定你怎樣建構社會上的教育、政治等各方面的制度，而對天的看法代表人性的來源。《中庸》就沒有問題，因為它講「天命之謂性」，人性不是自己有的，是天給的。把天放在開頭的話，就代表有源有本，可以接得上傳統。

荀子的時代比較晚，他接受了道家的思想，他所說的天的概念跟孔孟不一樣。他的天變成天地的天，變成自然界了。變成自然界就有問題了，你說人性惡，那善是怎麼來的呢？荀子就說了，善來自於禮儀，禮儀就是道，因此這個禮儀就是普遍的標準。你再問他，禮儀是誰定的？當然是聖王。但聖王不是性惡嗎？所以荀子最後只好說，這個禮儀是「百王之所同，古今之所一也，未有知其所由來者也」（《荀子・禮論》），歷代都相同，但沒有人知道是怎麼來的。這等於承認自己的理論不能夠圓滿。

孟子始終堅持孔子所啟發的道路，唯一可惜的是，孟子的學生也沒有重要的哲學家。從公孫丑一直到樂正子，沒有一個真的認真思考或者發表著作。

後代很多掌握政治權力的人都不太喜歡孟子。為什麼不喜歡？「民為貴，社稷次之，君為輕」（〈盡心下〉），聽不下去呀。所以到明朝的開國皇帝朱元璋，在洪武五年（一三七二）下令，把孟子趕出孔廟，不讓他接受祭祀。好在有位大臣冒死進諫，朱元璋才作罷。但他還是不甘心，後來命人把《孟子》一書中的「反動言論」刪掉。所以有一段時間《孟子》裡面少了好幾章。例如國君把大臣當作手足，大臣就把國君當作腹心來保護；國君把大臣當作狗馬來利用，大臣就把國君當作路人；國君把大臣當作泥土草芥來踐踏，大臣就把國君當作仇敵來痛恨……這樣的話都被刪掉了。還好，帝王不會長久，真正的思想則是完整的系統，只刪那幾句，他的整個思想還是可以發展出來。

整個先秦看下來，能接續孔子的，就是孟子的思想。

學習孟子，一是可以增強理性思考的能力，二是可以獲得奮發向上的動力。學了孟子之後就

原 君之視臣如手足，則臣視君如腹心；君之視臣如犬馬，則臣視君如國人；君之視臣如土芥，則臣視君如寇讎（ㄔㄡˊ）。

——《孟子．離婁下》

會感覺到內在真的有一種力量，只要你配合義、配合道、配合直，集義所生，內心便充滿浩然之氣，那種坦蕩蕩的快樂是難以想像的。同時，也可以明白人生的價值何在，如何過快樂而有意義的生活，不斷提升生命的境界。

傅 佩 榮 作 品 集 2 3

原來孟子這樣說

國家圖書館出版品預行編目 (CIP) 資料

原來孟子這樣說 / 傅佩榮著 . -- 增訂新版 . --
臺北市 : 九歌出版社有限公司 , 2022.01
面； 公分 . -- (傅佩榮作品集 ; 23)
ISBN 978-986-450-382-7 (平裝)
1.(周) 孟軻 2. 孟子 3. 學術思想 4. 研究考訂
121.26 110020465

作　　者——傅佩榮
創 辦 人——蔡文甫
發 行 人——蔡澤玉
出　　版——九歌出版社有限公司
台北市 105 八德路 3 段 12 巷 57 弄 40 號
電話／02-25776564・傳真／02-25789205
郵政劃撥／0112295-1

九歌文學網 www.chiuko.com.tw

印　　刷——晨捷印製印刷股份有限公司
法律顧問——龍躍天律師 ・ 蕭雄淋律師 ・ 董安丹律師
初　　版——2010 年 3 月
增訂新版——2022 年 2 月
定　　價——340 元
書　　號——0110823
I S B N——978-986-450-382-7
9789864504107(PDF)

子對曰：「王何必曰利？亦有仁義而已矣」王曰：『何以利吾國？』大夫曰：『何吾家？』士庶人曰：『何以利吾身？』上征利，而國危矣！萬乘之國，弑其君者，乘之家；千乘之國，弑其君者，必百乘之萬取千焉，千取百焉，不為不多矣；苟為而先利，不奪不饜。」未有仁而遺其親者也，未有義而後其君者」

王亦曰：仁義而已矣，何必曰利？」

子見梁惠王。王立於沼上，顧鴻鴈麋鹿，「賢者亦樂此乎？」

子對曰：「賢者而後樂此，不賢者雖有此樂也。」

日成之；經始勿亟，庶民子來。王在靈囿
鹿攸伏，麀鹿濯濯，白鳥鶴鶴。王在靈沼
牣魚躍。』文王以民力為臺為沼，而民歡
，謂其臺曰靈臺，謂其沼曰靈沼，樂其有
魚。古之人與民偕樂、故能樂也。」「湯
：『時日害喪，予及女偕亡！』民欲與之
、雖有台池鳥獸，豈能獨樂哉！」
惠王曰：「寡人之於國也，盡心焉耳矣！
凶，則移其民於河東，移其粟於河內；河
亦然。察鄰國之政，無如寡人之用心者：
之民不加少，寡人之民不加多，何也？」
子對曰：「王好戰，請以戰喻。填然鼓之
刃既接，棄甲曳兵而走，或百步而後止；

穀不可勝食也；數罟不入洿池，魚不可
也；斧斤以時入山林，材木不可勝用也；
魚不可勝食，材木不可勝用，是使民養生
無憾也；養生喪死無憾，王道之始也。」
五畝之宅，樹之以桑，五十者可以衣帛矣
豚狗彘之畜，無失其時，七十者可以食肉
百畝之田，勿奪其時，數口之家可以無飢
謹庠序之教，申之以孝悌之義，頒白者不
於道路矣。七十者衣帛食肉，黎民不飢不
然而不王者，未之有也！」
狗彘食人食而不知檢，塗有餓莩而不知發
死則曰：『非我也，歲也。』是何異於刺
殺之，曰：『非我也，兵也！』王無罪歲
天下之民至焉。」

子對曰：「殺人以梃與刃，有以異乎？」
「無以異也。」
以刃與政有以異乎？」曰：「無以異也。」
：「庖有肥肉，廄有肥馬，民有飢色，野
莩，此率獸而食人也。獸相食，且人惡之；
民父母，行政，不免於率獸而食人，惡在其
父母也！」「仲尼曰：『始作俑者，其無
！』為其象人而用之也，如之何其使斯民
死也。」
惠王曰：「晉國，天下莫強焉，叟之所知
及寡人之身，東敗於齊，長子死焉；西喪
秦七百里；南辱於楚：寡人恥之，願比死
洒之，如之何則可？」
子對曰：「地方百里而可以王。王如施仁